中国农产品贸易高质量发展

——基于出口持续时间的研究

李星晨◎著

中国言实出版社

图书在版编目（CIP）数据

中国农产品贸易高质量发展：基于出口持续时间的
研究 / 李星晨著 . -- 北京：中国言实出版社，2023.11
ISBN 978-7-5171-4621-6

Ⅰ . ①中… Ⅱ . ①李… Ⅲ . ①农产品—出口贸易—研
究—中国 Ⅳ . ① F752.652

中国国家版本馆 CIP 数据核字（2023）第 204584 号

中国农产品贸易高质量发展——基于出口持续时间的研究

责任编辑：王战星
责任校对：邱　耿

出版发行：中国言实出版社
　　　地　　址：北京市朝阳区北苑路180号加利大厦5号楼105室
　　　邮　　编：100101
　　　编辑部：北京市海淀区花园路6号院B座6层
　　　邮　　编：100088
　　　电　　话：010-64924853（总编室）　010-64924716（发行部）
　　　网　　址：www.zgyscbs.cn　电子邮箱：zgyscbs@263.net

经　　销：新华书店
印　　刷：北京虎彩文化传播有限公司
版　　次：2023年12月第1版　　2023年12月第1次印刷
规　　格：710毫米×1000毫米　1/16　11印张
字　　数：160千字

定　　价：68.00元
书　　号：ISBN 978-7-5171-4621-6

摘要

2008 年金融危机以后世界经济复苏乏力，中国农产品出口遇到了较大困难，出口总额增速减缓。在中美贸易争端和新冠疫情背景下，中国农产品出口必然会受到更多外部挑战。农产品出口对中国农业发展具有重要意义，在重重危机之下如何实现贸易收入的平稳增长受到政府和学界的关注。为了实现这一目标，不应只关注出口总额的变动，还可以从出口关系稳定性的角度去考察。因此本书关注中国农产品在细分层面的出口关系，并从持续时间的角度入手研究其背后的发展规律，以期提出针对性的政策建议。

本书采用 CEPII-BACI 数据库中 1995—2018 年间的 HS6 分位数据研究了中国农产品出口关系的持续时间，具体包括：（1）对中国农产品出口关系数量的基本情况进行梳理，通过与出口总额的对比探究其变动规律，并对各年中国农产品出口关系的中断比例进行考察，为后续对持续时间的研究奠定基础。（2）基于 K-M 分析法对中国农产品出口关系持续时间的特点进行全面描述，探索农产品出口关系生存曲线的特征，并对典型产品和不同市场进行单独分析，初步观察农产品出口关系持续时间差异背后的决定因素。（3）采用基于离散时间的生存分析法研究中国农产品出口关系持续时间的影响因素，首先从国家和产品层面的因素展开，然后进一步深入分析 FTA（自由贸易协定）这一重要贸易战略对中国农产品出口关系持续时间的影响机制。（4）以"一带一路"沿线国家为研究对象，在二元边际的分析框架中引入出口关系的生存视角对中国农产品出口增长进行分解，进一步通过反事实分析来考察出口关系生存率变动对于出口增长的影响。（5）研究中国农产品出口关系持续时间对未曾实现的出口关系新市场进入的影响，并探寻其中的影响机制。

本书得到的主要结论有：（1）中国农产品出口关系数量增长速度低于农产品出口总额，且2008年之后增长几乎陷于停滞，占世界总体的比例不断下降。其中，蔬菜、水果和水产品的出口关系总量增长较慢。（2）中国农产品出口关系持续时间较短，均值为3.06年，而中位数仅为1年。蔬菜、水果和水产品的出口关系生存情况比粮食和畜产品更好，通过对不同市场的分析发现，中国向欧洲出口关系生存情况最好，非洲最差。（3）中国农产品出口关系持续时间的影响因素可以分为国家和产品两个层面，其中国家层面的因素可以归纳为双边贸易成本、供求规模以及经贸环境；产品层面则主要取决于产品和贸易段的特征。此外，FTA对农产品出口关系持续时间的影响机制较为复杂，中国向FTA成员方出口的关系持续时间更长，但FTA的成立时机有着重要影响，开始于FTA成立之前的贸易关系持续时间得以延长，开始于FTA成立之后的贸易关系的持续时间缩短，FTA成立的时间和FTA文本条款的深度也对出口关系持续时间产生了正向影响。（4）中国向"一带一路"国家农产品出口呈现出较大潜力，二元边际分解的结果表明集约边际带来的增长更大，而出口关系中断带来的出口损失不可忽视，生存率增加带来的反事实增长更为稳定，在"一带一路"各地区中西亚和东欧表现出了较高的贸易发展潜力。（5）中国农产品出口关系新市场进入比重较低，且在2008年之后由增长转入下滑状态。随着出口关系持续时间的增加，已有市场中积累学习到的经验降低了市场进入成本，有助于实现中国农产品对新市场的进入，但这种作用呈现出倒"U"形的非线性特征，且存在市场溢出和产品溢出两种机制。

根据本书研究结果提出五点政策建议。一是巩固和提升优势产品竞争力，维护重点出口关系稳定性；二是挖掘出口市场潜力，为企业生存创造良好环境；三是深入发展 FTA 战略，引导企业充分利用区内优惠政策；四是加强"一带一路"农业合作，促进农产品贸易稳定增长；五是破除信息壁垒，推动农产品出口企业开拓新市场。

关键词：农产品出口；生存分析；出口关系持续时间；二元边际；新市场进入

Abstract

As the world economy recovered slowly after the 2008 financial crisis, China's agricultural exports encountered great difficulties and the growth rate of its total exports slowed down.In the context of China–US trade disputes and COVID–19, China's agricultural exports are bound to face more external challenges.The export of agricultural products is of great significance to China's agricultural development. How to realize the steady growth of income from agricultural products trade in the face of various crises has attracted the attention of the government and academic circles.In order to achieve this goal, we should not only pay attention to the change of total exports, but also examine it from the perspective of the stability of export relations.Therefore, this paper focuses on the export relationship of China's agricultural products at the product level, and studies the underlying development patterns behind it from the perspective of duration, in order to put forward targeted policy suggestions.

This paper adopted the CEPII – BACI database from 1995 to 2018 HS6 data to study the China's agricultural exports duration, which includes: (1) compiling the basic situation of the number of China's agricultural export relationship, exploring its change pattern by comparing it with the total export amount, and examining the disruption proportion of China's agricultural export relationship in each year for the The foundation for the subsequent research on duration is laid.(2) Based on the K–M analysis method, the characteristics of the export duration of Agricultural products in China were comprehensively described, the characteristics of the survival curve of the export relationship of agricultural products were explored, the typical products and different markets were separately analyzed, and the determinants behind the differences in the export duration of agricultural products were preliminarily observed.(3) The survival analysis method based on discrete time is adopted to study the influencing factors of the duration of China's agricultural products export. Firstly, the factors at the national and product levels are carried out, and the influence mechanism of FTA, an important trade strategy, on the duration of China's agricultural products export is further analyzed.(4) take "One Belt And One Road" countries as the research object, introduce the survival perspective of export relationship into the binary marginal analytical framework, decompose the export growth of Chinese agricultural products, and conduct further counterfactual analysis to investigate the impact of the survival rate change of export relationship on export growth.(5) To study the influence of the duration of China's agricultural exports on the new market entry of the unrealized export relationship, and to explore the influencing mechanism.

The main conclusions of this paper are as follows :(1) the growth rate of China's export relations of agricultural products is lower than the total export of agricultural products, and the growth almost stops after 2008, accounting for a decreasing proportion of the world as a whole.Among them, the total export relationship of vegetables, fruits and aquatic products grew slowly.(2) The duration of China's agricultural exports is relatively short, with an average of 3.06 years, while the median is only 1 year.The export relationship of vegetables, fruits and aquatic products has a better survival situation than that of grain and livestock products. Through the analysis of different markets, it is found that the export relationship of China to Europe has the best survival situation, while That of Africa is the worst.(3) The factors affecting the duration of China's agricultural exports can be divided into two levels: the country level and the product level. The factors at the national level can be summarized as the bilateral trade cost, the scale of supply and demand and the economic and trade environment.The product level mainly depends on the characteristics of the product and the trading segment.In addition, the duration of FTA to agricultural exports mechanism is more complicated, the influence of China's exports to FTA members last longer, but the establishment of FTA time has an important influence, before starting in FTA established trade relations to extend the duration, started in the FTA was set up after the duration of the trade relationship, FTA' age and the depth of the FTA text terms also had a positive effect on duration of export.(4) China's agricultural exports to the "Belt and Road" countries show greater potential, the results of the binary marginal decomposition shows that the growth brought by the intensive margin is greater, while the export losses from the interruption of export relations cannot be neglected, the counterfactual growth from the increase in survival rate is more stable, and in the "Belt and Road" regions in West Asia and Eastern Europe show a high potential for trade development. (5) The proportion of New market entry related to China's agricultural products export is relatively low, and it has turned from growth to decline after 2008.With the increase of the duration of export, the accumulated experience in the existing market reduces the market entry cost, which is helpful to realize the entry of Chinese agricultural products into the new market. However, this effect shows the inverted U–shaped nonlinear characteristics, and there are two mechanisms of market spillover and product spillover.

Based on the research results of this paper, five policy Suggestions are proposed.First, consolidate and enhance the competitiveness of competitive products and maintain the stability of key export relations;Second, tap the potential of export market to create a good environment for the survival of enterprises;Third, deepen the development of FTA strategy, guide enterprises to make full use of preferential policies in the zone;Fourth, strengthen the "Belt And Road" agricultural cooperation, promote the steady growth of agricultural trade;Fifth, we will break down information barriers and encourage agricultural export enterprises to explore new markets.

Key words: Agricultural products export, Survival analysis, Export duration, Binary margins, New market entry

目 录

第一章　绪论

1.1 研究背景与意义

1.1.1 研究背景

农产品出口对中国农业发展具有重要意义。农产品出口可以直接帮助农民增加收入和缓解贫困，2018 年农产品出口额占全国农业总产值的比重达到 8.42%。农产品出口还可以带动包装、物流和金融等其他关联产业的发展，根据美国农业部的测算，在 2018 年每 1 美元农产品出口可以额外创造 1.17 美元的经济产出。此外，农产品出口活动也创造了大量工作岗位，对促进农业就业和社会稳定都有着重要作用。而在这背后，根据第三次全国农业普查数据，2016 年我国农业生产经营人员仍然高达 3.124 亿人。此外，从产业发展的角度来看，农产品出口的稳步发展有助于优化农业资源配置和形成规模优势，并通过竞争效应、符合国际市场标准和技术溢出等机制促进产业结构升级和我国农业竞争力的提高。

我国农产品出口也得到了相关政策的积极推动。2006 年 8 月，商务部发布的《农产品出口"十一五"发展规划》首次提出建立以市场多元化为特征的全球农产品出口体系，完善促进农产品出口的政策措施。2016 年 3 月 17 日，《中华人民共和国国民经济和社会发展第十三个五年规划纲要》为农产品出口贸易提出了政策框架，指出推进农业现代化的重要内容之一就是开展农业国际合作，健全农产品贸易调控体制，积极开展境外农业合作开发。2016 年 10 月，发改委则发布了《全国农村经济发展"十三五"规划》，针对"十三五"规划提出的要求在农业领域做出了进一步具体规划，提出完善农业对外开放战略布局，推动互利共赢，共同发展，积极推动农业"走出去"。同年 10 月，国务院联合多部门印发的《全国农业现代化规划（2016—2020 年）》为贯彻"十三五"规划提出的具体要求，鼓励促进农产品贸易健康发展和优势农产品出口。2018 年 9 月，中共中央和国务院印发了《乡村振兴战略规划（2018—2022 年）》，提出实施特色优势农产品出口提升行动，扩大高附加值农产品出口，建立健全农产品贸易政策体系。进一步，2019 年 2 月，农业农村部联合多部门印发了《国家质量兴农战略规划（2018—2022 年）》，提出到 2022 年初步实现我国农产品竞争力强的目标，培育形成一批具有国际竞争力的大粮商和跨国涉农企业集团，农业"走出去"步伐加快。而 2019 年中央一号文件也提出实施特色优势农产品出口促进行动，推进农业"走出去"。

为了进一步推动中国农业出口的发展，农业贸易政策的制定和学界的研究视角不应只关注将农产品作为整体考察出口总额，还要在细分产品的出口关系层面进行分析。在数据层面上，对于贸易实证研究经历了从加总到细分的过程，这得益于细分数据可得性的提高和研究工具的发展，也是深入和精细解读贸易发展规律所提出的内在要求。伴随着中国入世以来贸易的增长，已有大量研究关注了农产品作为整体的逆差现象、出口增速减缓等问题，对于中国而言，农产品出口总额的增长背后也是各种细分产品在全球贸易关系不断扩张的过程，但少有人注意到作为出口额收入载体的出口关系的变动规律。

对贸易关系而言，一个重要的研究方向就是其中断和持续时间的问题。对于出口关系的研究，少数文献已经从二元边际的视角去考察双边贸易关系的广度问题（Amurgo-Pacheco and Pierola，2008），但这些研究大部分仅在不同年份的横截面上进行孤立的对比，而并未将贸易关系"串点成线"地连接起来进行研究。而当从时间上的持续性来考察时，贸易关系的中断就会是一个突出的问题。例如，基于世界贸易数据库（CEPII-BACI）的数据，中国 2016 年和 2017 年向世界出口农产品的贸易关系数分别为 26731 个和 27153 个，从绝对数量来看增长了 422 个，但事实上 2016 年的农产品出口关系中有 5627 个在 2017 年不复存在，中断比例高达 20.7%。在经典贸易理论中一般假定出口关系一旦建立就会长期存在，然而现实贸易活动中出口关系频繁中断的情况揭示出贸易关系持续性背后的规律仍然有待深入考察。

从出口主体的角度来看，我国农产品出口种类丰富，农产品出口企业数量众多但普遍规模较小，同时存在营销成本过高和市场开拓能力较差的问题（宋玉智，2016）。对于已经建立起来的出口关系，在前期都需要为了解市场信息和消费者偏好、熟悉出口对象国海关程序和贸易壁垒政策、适应当地法律和规范要求以及在当地建立分销和推广体系等而投入开拓市场所需的各种成本，而普遍较短的贸易关系持续时间造成了前期投入资源的浪费，出口关系中断也会使得大量农业从业者面临收入损失的风险，进一步增大了出口增长的不确定性。

从宏观角度来看，我国政策对于出口关系持续性的关注仍然不足，与之相关的主要是出口市场多元化战略。1985年《中共中央关于制定国民经济和社会发展第七个五年计划的建议》首次提出"积极开拓国际市场要在继续巩固和发展已有市场的同时，积极开辟新的市场，同世界各国和各地区建立与扩大贸易往来，逐步建立和健全在国外的推销系统和服务网络"，这是出口市场多元化战略的雏形。1994年《国务院关于进一步深化对外贸易体制改革的决定》明确提出了多元化开拓市场的要求。2012年《关于加快转变外贸发展方式的指导意见》要求将深入实施市场多元化重大战略作为我国贸易发展的指导思想。2016年《中华人民共和国国民经济和社会发展第十三个五年规划纲要》提出继续推动出口市场多元化，巩固传统市场份额，提高新兴市场比重。而2019年党的十九届四中全会继续强调了"建设更高水平开放型经济新体制，实施更大范围、更宽领域、更深层次的全面开放，拓展对外贸易多元化"。出口市场多元化有两方面的目标，首先是通过新市场的拓展直接增加出口收入和促进经济增长，其次是防止出口收入过度集中于个别市场，通过分散风险的方式增加出口收入的稳定性（杨长湧，2010）。可见出口市场多元化是我国的长期基本贸易战略，也是一项长期的任务。这一战略取得了一些成功，但总体仍不尽人意（钱学锋和余弋，2014）。

事实上，出口市场多元化的根本目标就是实现均衡和稳定的出口增长

（华晓红，2002）。为了实现这一目标，不仅要在总额上考虑贸易收入的增长和在各地区份额的分散性，更有必要从细分产品出口关系及其持续时间的角度去探索。出口市场多元化本身就伴随着出口关系在不同市场间均衡扩张的过程，若要高质量地达到目标也必然包含着对出口关系持续性的要求。从增加出口收入的角度，出口额的增加可以来自已有关系的维持和新关系的建立。已有关系的延续自然与其持续时间息息相关，而新拓展的关系如果非常脆弱也必将难以转化成未来稳定的出口收入（冯伟等，2013）。因此，为了实现稳定的出口收入增长，就必须在出口关系不断扩张的进程中不仅实现绝对数量的增加，还要在更大程度上将新旧关系延续下来。从抵御风险的角度看，出口增长的稳定性可以通过出口关系在不同市场间的广泛分布来降低波动，但这一出发点源于出口关系集中于部分市场造成的依赖性，其实也包含了对现有重要出口关系发生意外中断而产生的担忧。因此出口市场多元化绝非将原有出口关系中断并转移到新市场，反而更要求提高已有关系的延续性。而对于新建立的出口关系，只有在其能够稳定存活下来的情况下，才能实现降低贸易收入波动风险的效果。

1.1.2 研究意义

对中国农产品出口关系持续时间的影响因素和效应展开深入研究，具有重要的理论和现实意义。

首先，基于农产品的特殊性，本书对于HS6（海关编码）分位农产品出口关系持续时间的基本特征、影响因素和效应进行了全面分析。在贸易零值广泛存在的背景下，本书在细分产品层面探索了中国农产品出口关系动态变化的规律，尤其是对于FTA影响下农产品出口关系的响应机制进行了深入探讨。此外，通过研究出口关系持续时间对于出口新市场进入影响，本书验证了农产品出口通过学习效应降低市场进入成本的过程，并对市场溢出和产品溢出两种机制进行了深入讨论。

其次，本书对促进中国农产品出口有着重要的现实意义。本书的研究结论表明，为了实现农产品出口收入的平稳增长，需要在细分层面加强对农产品出口关系的保护，尤其是在出口关系建立的初期要对于重点产品的出口关系加以关注，并且从提高出口稳定性的角度加强对出口市场的筛选。此外，在加快 FTA、"一带一路"和出口市场多元化等战略执行的过程中，应当针对出口关系的变动规律予以关注，而本书对此提供了科学的依据。

1.2 研究目标与研究内容

1.2.1 研究目标

本书的研究目标包括：

（1）分析我国农产品出口关系的数量变动规律以及出口关系中断的基本情况；

（2）明确我国农产品出口关系持续时间的特征事实，并对不同产品和市场进行分析；

（3）研究我国农产品出口关系持续时间的影响因素，并深入探讨 FTA 的作用机制；

（4）分析出口关系生存情况对中国向"一带一路"国家农产品出口增长二元边际的影响；

（5）探索出口关系持续时间对我国农产品出口关系新市场进入的影响，验证产品溢出和市场溢出效应。

1.2.2 研究内容

第一章为绪论。包括研究背景与意义、研究目标与内容、研究方法、研究思路与技术路线和研究创新点。

第二章为文献综述与理论回顾。文献综述回顾了贸易持续时间的基本特征、影响因素、研究数据和研究方法，并对二元边际和新市场进入相关的文献进行了回溯。最后基于已有理论进展，梳理了对于出口关系持续时间事实解释、影响因素和影响效应的相关理论。

第三章为中国农产品出口关系的基本特征。在 HS6 分位细分产品层面考察中国农产品出口关系，一方面考察其总体数量变动规律，另一方面通过对比初步探究出口关系数量和出口产品总额的关系，并进一步对相邻两年出口关系中断比例进行观察与分析，为后期在整个生存周期内考察出口关系的持续性打下基础。

第四章为基于 Kaplan-Meier 法的中国农产品出口关系生存分析。对中国农产品出口关系持续时间的基本特征进行全面研究，通过对典型产品和不同市场的单独分析初步探究产品和市场层面各贸易特征与出口关系持续时间的对应关系。

第五章为中国农产品出口关系持续时间的影响因素。基于对持续时间基本特征的初步分析，进一步采用回归分析法研究了中国农产品出口关系持续时间的影响因素，并对其中的 FTA 因素进行专门的深入探讨。

第六章为出口关系持续视角下中国向"一带一路"国家出口的二元边际。通过选取目前对中国具有重要战略意义的"一带一路"国家作为研究对象，通过与美国、德国、巴西和印度四个其他主要国家对比，在二元边际的分析框架中引入出口关系的生存视角展开研究，并通过反事实分析得到出口关系生存对出口增长的作用。

第七章为出口关系持续时间对我国农产品出口关系新市场进入的影响。通过回归分析的方法研究中国农产品出口关系持续时间对新市场进入的影响机制，并分析了市场溢出和产品溢出两种机制。

第八章为研究结论与政策启示。回顾全书，并从维护贸易关系、发展 FTA 和"一带一路"倡议等角度提出政策建议。

1.3 研究方法、研究思路与技术路线

1.3.1 研究方法

本书具体研究方法如下：

（1）理论方面，本书结合已有文献中关于出口关系持续时间短暂性解释的贸易理论，以及贸易二元边际、出口学习和新市场进入的理论展开研究，并依据理论中所含有的机制和逻辑展开丰富和完善的实证分析。

（2）在实证方面，本书运用了多种方法。对每一个实证章节，首先通过描述性统计来初步提出问题，在不同章节综合使用了 Kaplan-Meier 估计法、基于离散时间的生存分析法、二元边际分解和反事实分析、Logit 等模型和方法，以此来提高经验分析的可靠性，并在基准分析之后进行了充分

的稳健性和异质性分析。

（3）比较研究法。本书充分利用了 CEPII-BACI 数据库中翔实完整的 HS6 分位数据，将中国与世界、主要出口国进行对比，同时也对于不同种类农产品和向不同市场的农产品出口进行了对比，明确了中国农产品出口关系及其持续时间的基本方位和存在的问题。

1.3.2　研究思路与技术路线

本书关注中国农产品出口关系的持续时间，核心内容包括对其基本特征、影响因素和效应的研究，具体的思路如下：

首先，在特征和影响因素方面，对于我国农产品出口关系总体基本情况进行梳理，并通过与出口总额的对比探究其变动规律。进一步，利用 Kaplan-Meier 法研究了我国农产品出口关系生存率曲线的基本特征。在此基础上，继续探究中国农产品出口关系持续时间在国家和产品层面的影响因素，并对 FTA 这一因素进行了深入细致的探讨。

其次，在影响效应方面，为了探索出口关系持续时间在中国农产品出口增长中所起到的作用，继续通过两方面进行展开。一是引入出口关系的生存视角对中国农产品出口增长的二元边际进行分解，并通过反事实分析得到出口关系生存对出口增长的贡献。二是通过回归分析的方法研究中国农产品出口关系持续时间对新市场进入的影响，考察中国农产品出口关系扩张进程中出口关系持续时间所反映出的学习经验如何影响已有产品种类出口至从未出口过的新市场的机制。

技术路线图如下：

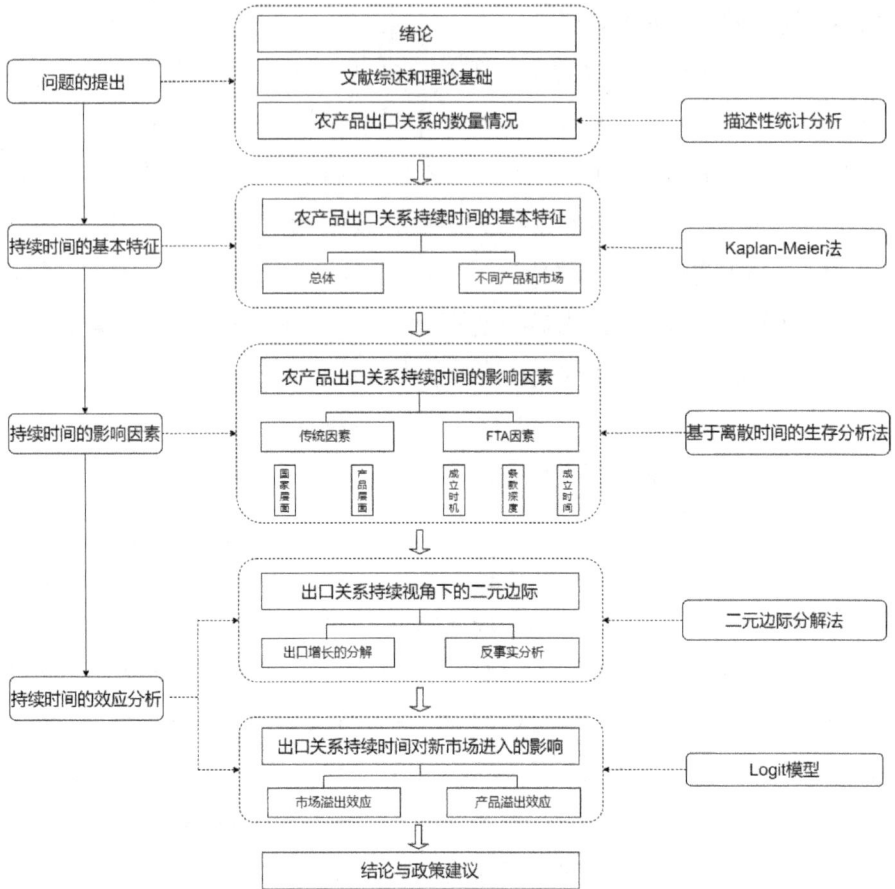

图 1-1 技术路线图

1.4 研究创新点

在持续时间的影响因素方面，已有研究比较缺乏对 FTA 因素的深入分析。鉴于此，本书对 FTA 如何影响中国农产品出口关系持续时间展开实证分析，相比于已有研究，本书尝试做以中国农产品出口为样本，验证了 FTA 成立时机差异对贸易持续时间产生的影响。为了弥补现有研究中的不足，本书从纵向和横向两方面检验了 FTA 成立时间以及条款深度的作用。采用 CEPII-BACI 数据库中 1996—2018 年的数据，这一时期涵盖了中国 FTA 战略快速发展的新阶段，较长的时间跨度也更有利于全面反映出口的动态变化过程。通过异质性分析，发现了 FTA 对于加工农产品和初级农产品的不同作用。

在二元边际的研究方面，区别已有对农产品贸易的相关研究中一般对中国样本单独分析的做法，本书以美国、德国、印度和巴西为参照国，将出口关系数量、关系利用率、生存和深化等情况进行对比，分析了贸易关系层面上中国向"一带一路"国家出口增长二元边际的基本特征。在考虑产品和生存时间差异的情况下将出口增长分解为持续增长的部分、中断的部分和新增的部分，其中持续增长的部分进一步包含了出口关系的生存和深化两方面，由此引入出口关系的生存视角来分析各部分对出口增长的贡献。通过基于不同参照国数据的反事实分析，探讨了各部分的提升对于出口增长的差异化作用。

在出口关系持续时间对新市场进入的影响方面，从研究视角来看，已有对新市场进入的研究虽然考虑了出口经验的作用但缺乏出口关系持续时间视角的考察，而目前关于出口关系持续时间影响效应的文献仍然较少，其中尚无文献对农产品进行专门研究。考虑到农产品的特殊性，本书在这两方面对已有文献做出了补充。此外，以往对于出口关系持续时间影响效应中机制分析有所不足，而本书同时考察了出口关系持续时间影响的市场溢出和产品溢出两种效应，并对影响的异质性进行了分析。

第二章　文献综述与理论回顾

2.1　文献综述

2.1.1　贸易持续时间的基本特征

1. 概念界定

本书所关注的出口关系是指 HS6 分位贸易数据层面"出口国—产品—进口国"组合所形成的一种联系（Besedeš and Prusa,2006a）。例如，2018年中国向日本出口编码为"200840"的农产品"梨"所得到的贸易收入为 144829 美元，那么 2018 年"中国—梨—日本"即为一个实际发生的出口关系。可见，贸易关系是贸易额的载体，没有贸易关系则贸易收入不复存在。

随着新新贸易理论的提出，越来越多的实证研究表明细分产品层面并非所有国家都会出口所有产品，国际市场存在大量贸易零值（Baldwin and Harrigan，2007；Bernard et al.，2009；Broda and Weinstein，2006），由此也进一步产生了贸易关系中断和持续时间的问题。从概念上来看，Besedeš and Prusa（2006a）在研究美国进口时将贸易持续时间定义为一国从开始向美国出口某种产品直至中止出口所经历的时间，邵军（2011）则认为贸易持续时间是指两国对于某种产品从贸易关系开始到贸易关系中断的时间长度，此后的研究大多采用这一概念。现有文献常常运用生存分析中的风险率这一指标考察贸易关系的持续时间。对于一个贸易关系，风险率是指贸易关系在指定的某一年发生中断的概率（陈勇兵等，2012）。

2. 研究视角和基本结论

从研究角度来看，现有文献主要针对不同时间段、不同产品、不同国家和地区等的贸易关系研究了持续时间的基本特征事实。

Besedeš and Prusa（2006a）首次提出贸易持续时间的概念，并利用高度细分数据研究了1972—2001年间美国对世界进口贸易关系持续时间的分布特征，结果发现其持续时间较短，中位数仅为2—4年，其终止的概率随持续时间增加而降低。同时，如果贸易关系在最初几年生存下来，那么其长期生存的概率就会大大提高。此后国外学者分别研究了德国进口（Nitsch，2009）、印尼进出口和拉丁美洲出口（Besedeš and Blyde，2010）、欧盟进口（Hess and Persson，2011）、发展中国家出口（Brenton and Saborowski，2010）贸易的持续时间特征及其影响因素，均得到了类似结论。

在国内，邵军（2011）首先利用1995—2007年HS6分位数据研究了中国出口贸易持续时间，发现中国出口贸易持续时间和已有研究中其他国家的情况类似，均值也仅为2.84年。出口贸易持续时间的风险率在前期最高，但风险函数曲线先陡峭后平坦，在后期趋于稳定。此后，李永等（2013）、陈勇兵等（2013）、杜运苏和杨玲（2013）、倪青山和曾帆（2013）先后研究了中国对世界市场的总体贸易持续时间并得到了相似结论，即我国同世界市场进行贸易的持续时间较短，约为2—4年。在地域层面上缩小范围，一些学者对于中国和特定国家和地区如美国（林常青，2014a）、新兴经济体（舒杏等，2015）与金砖国家（谭晶荣和童晓乐，2014）等关于所有产品的贸易持续时间展开研究，结果发现对应的贸易持续时间均值分别为2.294年、3.9年和4.1年。此外，国内学者还较为广泛地研究了我国纺织品（冯伟等，2013a）、机电产品（冯伟和邵军，2013）、文化产品（邵军等，2014）等特定产品出口贸易的持续时间，发现持续时间均值分别为2—3年、4—5年、4.09年。国内外此类研究的结果表明，国家—产品层面的贸易持续时间都较短，且因国家、产品不同，贸易持续时间长短有一定差异，国家和产品的一些特征可能对贸易持续时间产生影响。

除了国家层面，一些学者还对企业层面的贸易持续时间进行了研究。Esteve-Pérez等（2007）第一次以企业为研究对象研究贸易持续时间，发现西班牙出口企业出口贸易的持续时间中位数仅为2年，仍然非常短暂。此后，一些学者对秘鲁（Martincus and Carballo，2008）、芬兰（Ilmakunnas and Nurmi，2010）、瑞典（Gullstrand and Persson，2015）等国家的企业贸易展开了研究，均得到了类似的结果，即各国企业层面的贸易持续时间也较短。陈勇兵等（2012）利用 2000—2005 年的数据估计了中国企业的出口关系的生存情况，估计结果表明，我国企业出口贸易持续时间的均值不到 2 年，且企业层面的特征如企业所在地区、企业所有制等会对贸易持续时间产生显著影响。周世民等（2013）、张亚斌等（2014）、魏子儒和李子奈（2013）、许家云和毛其淋（2016）以及沈立君和侯文涤（2017）等的研究也得到了类似的结论。

3. 研究数据

数据的细分程度对贸易持续时间研究结果影响较大，高精度的数据更能反映贸易活动的微观动态变化，而加总数据有可能会掩盖这种变化，因此使用加总的贸易数据可能会高估贸易持续时间的长度。对于贸易持续时间的研究而言，除了个别学者（Hess and Persson，2011）为了扩大研究的时间范围而使用了 SITC4 分位的数据之外，大部分学者都采用了 HS6 分位的数据。一些学者采用了更高精度的贸易数据，这些数据更好地体现了相关国家的贸易动态变化，但其包含的样本范围较小，通常只包含某个国家或行业的数据，不能满足多国对比的要求。

目前通行的国际贸易统计规则中贸易数据最高可以细分到 HS6 分位，UN Comtrade（联合国商品贸易统计数据库）每年会收集 HS2、4 和 6 分位的数据，而 CEPII-BACI 数据库基于 UN Comtrade 数据库原始数据进行了改进：第一，CEPII-BACI 数据库基于"mirror data"算法补充了缺失值，减少了漏报带来的偏差，同时也解决了离岸价格和到岸价格不一致的问题；第二，UN Comtrade 中未报告的部分无法区分零值和数据缺失，CEPII-BACI 数据库则给出了二者的区别；第三，UN Comtrade 无法统一不同状态产品贸易量的单位，而 CEPII-BACI 数据库中的贸易量单位可以直接比较（Gaulier and Zignago，2010）。陈勇兵等（2012）阐明了 CEPII-BACI 数据库在研究微观贸易问题时的优势，因此国内外很多学者（余华等，2015；杜运苏和王丽丽，2015）也开始使用 CEPII-BACI 数据库研究贸易持续时间问题。

4. 农产品相关的研究

表 2-1 中国农产品出口贸易持续时间的相关文献

文章信息	研究范围	数据情况	结论
郭慧慧和何树全（2012）	中国对美、日、英、澳、马五国出口	1996—2009 年，WITS 数据库，HS6 分位	平均持续时间为 1—3 年
何树全和张秀霞（2012）	中国对美国出口	1989—2008 年，美国农业部，HS10 分位	平均持续时间为 3.9 年，中位数为 2 年
陈勇兵等（2012）	中国对 157 国出口	1998—2006 年，BACI 数据库，HS6 分位	中位数为 2 年，58.55% 出口关系在 2 年内消失
冯伟等（2013）	中国对各国出口	1995—2007 年，UN Comtrade，HS6 分位	平均持续时间为 2.23 年
杜运苏和陈小文（2014）	中国对 171 国出口	1995—2010 年，BCAI 数据库，HS6 分位	中位数为两年，56.26% 只维持了 1 年
王晰（2015）	中国对日本出口	2002—2014 年，WISER TRADE 数据库，HS8 分位	平均出口关系持续时间为 5.6 年，中位数为 3 年
余华等（2015）	中国对美国出口	1995—2009 年，BACI 数据库，HS6 分位	平均持续时间为 3.19 年，中位数为 2 年
李清政等（2016）	中国对东盟出口	1998—2010 年，CEPII-BACI 数据库，HS6 分位	均值为 3.2 年，66.68% 的贸易段前 2 年内中断
潘家栋（2018）	中国对美国出口	2000—2015，UN Comtrade，HS6 分位	平均数为 6.51 年，中位数为 5 年

资料来源：作者整理。

通过表 2-1 的梳理可以发现，对中国农产品出口贸易持续时间的研究始于 2012 年，起步相对较晚。从研究的国家范围来看，已有文献主要针对美国、日本和东盟等单个国家或地区，因此未能在大范围内对中国产品出口贸易持续时间的特点进行总体分析。从研究的时间范围来看，大部分研究采用的数据仅截至 2010 年以前，而对于此后中国农产品出口关系的新特征则无法进行观察。虽然研究采用的样本不同，但已有研究的结论都表明中国农产品出口关系的持续时间较短，而且在生存前期就面临着较高的中断风险。

从数据上来看，除了个别针对单个国家或地区的研究采用了 HS8 分位及以上的贸易数据外，大部分文献都采用了 UN Comtrade 或者 CEPII-BACI 的 HS6 分位数据。值得指出的是，在中国贸易持续时间的文献中，一些对于制造业等行业的研究采用了企业层面的数据，而对农产品贸易持续时间的研究则均采用了产品层面的数据。而已有研究没有采用中国工业企业数据库研究农产品贸易持续时间的原因可能有三点：第一，目前国内可以利用的主要数据来自中国工业企业数据库，但是其统计范围主要为规模以上的工业企业，许多与农产品出口相关的企业可能因为不符合其行业或规模要求而被排除在外，使得中国农产品出口数据有所遗漏。第二，由于数据质量等原因，多数学者仅使用1999—2007年间的工业企业数据（聂辉华等，2012），而已有研究表明仍然有相当数量的贸易关系持续时间至少超过了8年，因此采用这一数据可能会导致无法对农产品出口关系生存周期实现完整观察。此外，在世界经济形势迅速发展的背景下这一数据可能无法用于考察当前与中国农产品贸易紧密相关的经贸政策带来的影响。例如，2007年中国才首次将 FTA 建设提升到国家战略层面，从而使我国 FTA 进入加速发展阶段，而"一带一路"倡议在 2013 年才第一次被提出。第三，已有研究在使用工业企业数据时一般同海关 HS8 分位数据进行匹配，然而这一数据为中国特有，难以在统一框架下研究中国农产品出口在世界中的位置以及同其他国家进行比较。

2.1.2 出口贸易持续时间的影响因素

1. 影响因素的研究方法

在研究贸易持续时间的影响因素时，现有文献中对于计量方法有两种不同的选择，分别为基于连续时间的比例风险模型（COX 模型）和离散时间模型。COX 模型是最早用于估计贸易持续时间影响因素的模型。Besedeš and Prusa（2006b）率先使用 COX 模型的基本形式研究了美国进口贸易持续时间的影响因素，国外学者继而使用此模型展开研究。在国内，邵军（2011）在研究中国出口贸易持续时间时主要使用了 COX 模型的基本形式，并首次同时采用了 Weibull 和 Exponential 模型以实现对异质性的控制，此后也有一些学者采用此种方法进行研究（何成杰等，2013；邵军和吴晓怡，2014；李永等，2015）。

由于实际中解释变量不一定满足 COX 模型的基本假定（即 PH 假定，指协变量的效应不随时间改变）国内外学者还使用 COX 模型的扩展形式研究贸易持续时间的影响因素。Besedeš（2008）在对美国进口贸易持续时间的研究中使用了分层的 COX 模型，即根据地区和 SITC 1 位数的产业对影响因素进行分层。此后，Nitsch（2009）对德国进口、杜运苏和杨玲（2013）对中国出口、杜运苏和陈小文（2014）对中国农业出口、魏自儒和李子奈（2013）对中国企业出口、Kamuganga（2012）对非洲出口、Obashi（2010）对东亚机电产品出口、Chen（2012）对 105 个国家出口到美国等贸易持续时间的影响因素相关研究也用了分层的 COX 模型。另外，在 Fugazza and Molina（2016）的研究中，首先用加入时间依存变量的 COX 模型验证了出口贸易持续时间的影响因素。

离散时间模型主要包括 Probit 模型、Logit 模型和 Cloglog 模型，近年来离散时间模型也被越来越多的学者采纳。Brenton and Saborowski（2010）的研究结果表明实际中 COX 模型并不符合 PH 假定，此后 Esteve-Pérez et al.（2013）、Ilmakunnas（2010）和 Gorg（2012）分别采用 Cloglog 模型研究了西班牙、芬兰和匈牙利企业出口贸易持续时间的影响因素。Hess（2012）利用 Besedeš and Prusa（2006b）的数据，同时采用 COX 模型和 Probit、Logit、Cloglog 三种模型进行对比研究，有力地证明了使用连续时间的 COX 模型分析贸易持续时间的三个缺陷：出现节点时的估计偏误、不可观测的异质性影响、非 PH 假定的影响，并指出由于 Cloglog 模型也遵循比例风险假定，因此不适合用以估计贸易持续时间影响因素。Falentina（2013）同时采用 Probit、Logit、Cloglog 模型研究了印度尼西亚对外贸易持续时间影响因素。Lejour（2015）认为 Logit 模型的对数似然比表现相对于 Probit 模型有微弱的优势，因此采用 Logit 模型研究和荷兰的出口贸易持续时间，此后 Gullstrand and Persson（2015）也采用 Logit 模型分别研究了美国蔬菜水果出口贸易和瑞典企业出口贸易持续时间的影响因素。在国内，陈勇兵等（2012）首先采用 Probit、Logit 和 Cloglog 模型研究了中国企业出口贸易持续时间的影响因素，此后陈勇兵、蒋灵多和曹亮（2012）、林常青和张相文（2014）、舒杏等（2015）也采用了同样的方案研究了贸易持续时间影响因素，而杜运苏和杨玲（2015）则使用 Cloglog 模型研究了中国出口贸易的持续时间影响因素。

2.影响因素的选择

如前文所述，现有文献在研究贸易持续时间的基本特征事实之外，关于其影响因素也是一个重要研究方向。本部分主要回顾现有文献中涉及的影响因素。从总体上看，贸易持续时间的影响因素可以分为微观的产品层面和宏观的国家层面因素。

产品层面，大部分学者（Hess and Persson，2011；Lejour，2015；邵军，2011；杜运苏和陈小文，2014）都研究了贸易段自身特征对贸易持续时间的影响。他们的研究结果表明，贸易历史、多贸易段、是否为第一段、上一段长度、当前贸易段已有长度等贸易段的特征以及双边贸易总额、双边该产品贸易量、产品市场份额、目的地和产品多样性、初始额等特征会对贸易持续时间造成显著影响。此外，产品本身的特征对于贸易持续时间也有重要的影响，大部分学者（Nitsch，2009；邵军，2011；杜运苏和杨玲，2013；邵军等，2014）的研究都表明，贸易的风险率随产品单位价值增加而显著提高，但陈勇兵等（2013）的研究却发现单位价值对中国对外出口贸易持续时间影响不显著。国内外学者（Besedeš and Prusa，2006b；Nitsch，2009；邵军，2011）的研究表明产品差异化率对贸易持续时间有显著正向影响。

国家层面因素对贸易持续时间的影响首先主要表现为常见引力变量的影响。国外（Besedeš and Prusa，2006b；Obashi，2010；Nitsch，2009 等）和国内（邵军，2011；杜运苏和杨玲，2013 等）学者的研究表明，更大的经济规模、更高的人均 GDP、更多的人口、更近的距离、共同边界、共同语言、非内陆国等因素会降低贸易中断或失败风险。刘慧和綦建红（2019）的研究进一步表明文化距离会显著抑制我国出口贸易持续时间的延长。其次，国家经济环境和贸易成本对贸易持续时间有着重要的影响，但已有研究中所选取的代理变量有所不同。Kamuganga（2012）和 Falentina（2013）选取私人部门贷款占 GDP 比重来衡量贸易环境，而杜运苏和杨玲（2013）与舒杏（2015）等则选择了经济自由度作为贸易环境的代理变量。Fugazza and Molina（2016）和李永等（2015）将完成进出口程序所需天数作为贸易环境的代理变量。Besedeš and Prusa（2006b）、Chen（2012）、Arawomo（2015）等学者则选取了从价关税和从价运费作为衡量贸易成本的指标，结果均表明开放的贸易环境和较低的贸易成本能提高贸易关系的生存率。邓路（2018）发现国家形象和交易信任的改善有助于促进我国出口贸易持续时间的延长，王秀玲等（2018）发现双边实际汇率波动加剧了出口贸易关系失败的风险，此外，一些学者还关注了国家间经贸条约和政策对贸易持续时间的影响，国外学者在这方面的研究主要集中在属于同一经济团体如欧盟（Esteve - Pérez et al.，2013；Lejour，2015）对贸易持续时间带来的影响。此外，国内外学者初步研究了FTA对贸易持续时间的影响，Kamuganga（2012）发现区域一体化对非洲国家出口贸易持续时间存在正向影响，Besedeš（2013）的研究结果却表明北美自由贸易区（NAFTA）的成立对美国和墨西哥出口贸易持续时间产生了负向影响。在国内，冯伟等（2013a）的研究表明FTA的建立延长了我国纺织品的出口贸易持续时间，而李永等（2015）对于能源产品的研究却得到了相反的结论。林常青和张相文（2014）同时采用了三种离散时间的生存分析模型研究了中国—东盟自贸区对中国出口贸易持续时间的影响。结果表明，中国—东盟自贸区的成员国效应为正，成立效应的方向却为负。

2.1.3　二元边际相关的文献

贸易理论从静态和长期的视角研究贸易总流量的变动，然而越来越多的研究表明国际贸易中细分产品层面的贸易呈现出明显的动态性。首先，国际贸易中存在大量的贸易零值（Haveman and Hummels，2004；Helpman et al.，2008；Baldwin and Harrigan，2011；施炳展，2010a），由此也产生了贸易二元边际增长的问题。

二元边际的分析方法是目前学术界研究出口增长路径的重要工具。从定义和研究方法上来看，已有研究主要可以分为两类。第一类研究关注产品层面的二元边际。Hummels and Klenow（2005）指出此前的研究仅单独考察集约或扩展边际，在Feenstra and Lewis（1994）的基础上第一次给出了二元边际的表达式。施炳展（2010b）利用中国出口数据将集约边际进一步分解为数量边际和价格边际，从而提出了贸易额的三元边际分解框架，这种做法被国内学者所广为采用。Feenstra 指数很好地衡量了产品种类的变化，但 Hummels and Klenow（2005）的方法本质上是将当年某国贸易额占世界的比重进行分解，因此在新建立和中断的情况下无法追踪同一贸易关系贸易额的变动。

第二类研究主要是在贸易关系层面对贸易额直接进行分解，贸易关系层面指的是产品—市场的组合。Amurgo-Pacheco and Pierola（2008）将实际贸易额分解为旧产品—旧市场、旧产品—新市场、新产品—旧市场和新产品—新市场四种组合，其中旧产品—旧市场的贸易额为集约边际，其余三种为扩展边际。钱学峰和熊平（2010）也利用这一方法进行了研究，发现集约边际对中国出口增长的贡献更大。这种方法虽然可以对贸易总额进行分解，但只能考察当年实际发生的贸易关系相对于基期的情况，也就无法衡量贸易关系中断带来的潜在影响。进一步，Amiti and Freund（2010）考虑了贸易关系退出的情况，将相邻两年的贸易增量分解为贸易关系持续带来的增长、中断带来的减少和新关系建立带来的增长，这一方法考虑了贸易关系退出带来的影响，但并没有考虑到不同生存阶段的贸易关系的作用。对于农产品贸易二元边际的研究，已有文献大多采用产品层面的方法（耿献辉等，2014；杨逢珉等，2015；陈林等，2018），只有少数文章在贸易关系层面上进行分解（鲍晓华和严晓杰，2014）。此外，由于定义和样本选择等差异性，已有研究得出的结论也不尽相同，部分文献认为集约边际在贸易增长中的作用更为重要（Amurgo-Pacheco and Pierola，2008；Amiti and Freund，2010；施炳展，2010b；耿献辉等，2014 等），而另一部分文献则更强调扩展边际的作用（Hummels and Klenow，2005；杨逢珉等，2015）。

2.1.4 新市场进入相关的文献

1. 新市场进入的影响因素

新市场进入是指一国的老产品出口至一个没有出口经验的新市场的过程，已有文献主要讨论其背后的影响因素。Melitz（2003）已经对企业进入出口市场的动因给出了明确解释，在此基础上许多实证文献首先研究了引力变量和汇率等国家层面的变量（Castagnino，2010；Álvarez et al.，2010；

Castillo and Silvente，2011；Lawless，2013；Kang，2013）以及企业层面的变量（Fabling et al. 2012；Lawless and Whelan，2014）对新市场进入产生的影响。

除此之外，一些学者还考察了出口经验对于市场进入的作用。Melitz（2003）对贸易理论的一大贡献就在于其对市场进入成本的引入。市场进入成本一般指企业为了进入市场需要付出的了解政策法规、市场调研和营销推广等一系列成本，一些学者也将其称为出口沉没成本或出口固定成本（Medin，2003），已有的出口经验可以通过降低市场进入成本来影响市场进入的选择，并存在市场溢出和产品溢出两种机制。对于同一种产品，其对相近市场的出口经验越丰富，在该市场建立新贸易关系的可能性越大，即所谓的"市场溢出"。Evenett and Venables（2002）采用1970—1997年产品层面的贸易数据发现，出口企业新进入一个未曾进入过的市场的概率受到该出口企业此前出口过的市场与新市场之间距离的影响，从而指出市场之间的邻近性对新市场进入的重要意义。Defever et al.（2015）利用中国2000—2006年间的纺织业数据发现，向目的国邻国的出口经验有助于企业实现在目的国新出口关系的拓展。另外，一些研究也表明，对于同一个出口对象国，已经出口的农产品的相关经验越丰富，与原有出口产品相似的新产品进入到该市场的概率越高，即所谓的"产品溢出"。Hidalgo et al.（2007）的研究表明各国生产和出口的产品种类之间存在一种联系网络，而出口的产品种类变动也存在明显的路径依赖。Hausmann and Klinger（2007）的研究则发现已有种类产品的出口经验越丰富，则与之相关的新产品进入同一市场的概率也会随之提高。

2. 出口贸易持续时间的影响效应

出口贸易持续时间的相关研究起步较晚，直接研究其影响效应的文献相对较少，并且相关研究仍然在向出口学习的理论框架下展开。基于"干中学"的理论，企业在出口中可能通过出口市场标准要求、技术溢出和规模效应等机制实现技术水平和生产率的提高，一些学者也主要以制造业为样本初步验证了出口学习效应的存在，但这些研究大多只从总体的出口行为对企业生产率的正向影响进行了分析（涂远芬，2014；邱斌等，2012；

Yang and Mallick，2010）。在贸易持续时间方面，一些学者已经用产品层面的数据研究了中国出口贸易持续时间对于技术升级的影响（陈晓华和刘慧，2015；陈晓华和沈成燕，2015；杨连星，2016；张凤等，2018）。然而，出口学习的过程不仅是关于技术和生产率的升级，Schmeiser（2012）建立的贸易理论模型表明，出口过程中的学习作用还体现在通过经验累积适应市场环境和打破信息壁垒来实现市场进入成本的降低。基于这一机制，目前已有少数研究对出口贸易持续时间对贸易关系扩张的影响展开分析，陈勇兵等（2014）以及林常青和许和连（2017）分别利用 HS6 分位产品层面的贸易数据初步验证了中国总体产品出口贸易持续时间对新市场开拓的正向影响，但其并未对市场和产品的溢出机制进行深入考察。

另外值得注意的是，从出口贸易持续时间的影响效应来看，农产品与其他产品相比具有一定特殊性。一方面，佟家栋（2014）的研究表明在中国只有行业技术密集度超过一定水平时才能通过出口学习实现生产率的进步，这也是目前出口学习和生产率的相关研究集中于制造业的原因。但农产品主要是土地密集型或劳动密集型产品，对技术和资本要素的要求相对较低，农产品从出口学习累积的经验对生产率和技术提升的效果可能相对较弱。另一方面，相对于生产率的提升，中国农产品出口贸易成本带来的挑战更大。农产品是各国贸易保护最严重的产品，农产品在国际上面临的贸易成本远高于制造业产品（许统生等，2012），Xu（2015）的研究结果则指出世界农产品贸易的主要阻力是贸易成本过高，而非生产率差异。可见，以上文献对于农产品出口贸易持续时间通过降低贸易成本以实现新市场进入的研究具有一定研究意义，但目前在已有关于出口贸易持续时间影响效应相关的文献中，对于农产品的分析仍然十分缺乏。

2.1.5 总体评述

在中国农产品出口贸易持续时间方面，已有文献对于持续时间的分布特征做了初步分析，但这些研究所用的数据比较陈旧且目前缺乏与国际对比视角下的分析。

在农产品出口贸易持续时间的影响因素方面，已有一些文献对于国家和产品层面的主要因素进行研究，但是对于 FTA 这一对我国而言极为重要的贸易政策却明显缺乏讨论。一些文献仅仅将 FTA 作为控制变量，只有少数文献专门对其进行研究，却分别得到 FTA 对贸易持续时间存在正向影响和反向影响的不同结论。此外，已有文献往往根据"当年是否存在 FTA"构建虚拟变量，这种处理存在两个潜在的问题。第一，纵向上未考虑 FTA 成立时间的渐进性作用。此种做法实质上是认为 FTA 的作用为一次性达成，将 FTA 成立后的所有年份都同等视之。然而事实上随着 FTA 成立时间的增加，区内各项规制会更为成熟，自由化程度也会稳步提升，因此 FTA 对贸易的影响往往随时间的推移而逐渐实现。第二，横向上忽略了 FTA 条款深度的异质性。与此同时，有关 FTA 协定深度如何影响双边贸易的研究也已经成为最新的热点领域，但目前仍未见有学者对贸易持续时间这一重要方向展开研究。

在二元边际方面，贸易持续时间和二元边际两方面的研究都分别有了稳步的进展，但目前将二者纳入统一框架的分析仍较少。贸易持续时间方面，现有文献主要研究其分布特征和决定因素，但少有学者探讨其对出口增长做出的贡献。同时，国际市场中存在贸易关系的大量退出已经成为学界的共识，而二元边际的相关研究中对于贸易关系生存情况的考察也仍有待补充。

在新市场进入方面，从新市场进入影响因素相关的研究来看，已有文献从出口经验的角度出发有了初步分析，但缺乏从出口贸易持续时间视角的考量。从实证方案上看，大部分研究以前一期出口行为为基础构建出口经验变量（綦建红和冯晓洁，2014），这种设定无法充分反映出口学习的过程。出口学习是一个持续的过程，产品进入新市场后不仅要考虑出口额的增加，对规则、信息的消化也需要时间的累积。此外，出口关系的生存是出口学习发生的基础，出口关系的持续本身就说明了产品在当地的适应性和竞争力，在此基础上所能学习到的内容也就越为丰富。此外，从出口贸易持续时间的影响效应来看，目前与新市场进入相关的研究仍然较少，对于市场溢出和产品溢出两种机制的研究仍不充分，并且在相关研究中较为缺乏对农产品的分析。

2.2 理论回顾

2.2.1 贸易持续时间的特征

关于贸易持续时间的短暂性，目前主要有两种理论可以进行解释。

Rauch and Watson（2003）基于企业交易行为特征建立了搜索—匹配模型，该模型认为，双方贸易并非偶然发生，而是从搜索开始，进口方付出一定的搜索成本并匹配到出口方，同时获得出口方的相关效率信息，但不能完全确认该出口方是否能够满足其需求，完成一个大的订单。如果出口方不可靠，那么进口方为这段贸易关系所付出的固定成本将被视为无效，并且需要重新搜索并由此造成贸易关系的中断。Besedeš（2008）对模型进行了实证，初步验证了这一模型的基本假设和主要结论。

在经典贸易理论中，贸易动因一般被归结为两国间外生技术水平、要素禀赋或规模效应的差异，然而缓慢、逐渐变化的差异无法解释现实贸易关系中活跃的动态变化。因此，Melitz（2003）将企业异质性引入贸易理论，有力地阐明了在某一时期为何一些企业进行出口贸易而另一些则不会进入国际市场，但这一基准模型对贸易关系跨时期的动态变化却未能给出令人信服的解释。Segura-Cayuela and Vilarrubia（2008）进一步指出不确定性是解释企业交易行为时不可或缺的重要元素。假定 i 国企业向 j 国出口产品 s 时面临的出口成本包含三部分：（1）从 i 国出口到 j 国的货物需要支付冰山运输成本（Transportation Cost）τ_s^{ij} τ_s^{ij}；（2）i 国企业的产品进入 j 国市场时需要支付一次性沉没成本（Sunk Cost）c_s^{ij} c_s^{ij}；（3）维持已有贸易关系需要支付额外每期的固定成本（Fixed Per-period Cost）f_s^{ij} f_s^{ij}。由于不确定性的存在，企业只有在支付了一次性的沉没成本 c_s^{ij} c_s^{ij} 并建立起贸易关系之后才观察到每期的固定成本 f_s^{ij} f_s^{ij}。在此基础上，企业在 t 期结束时可以选择停止贸易关系而不再产生其他额外成本。当企业付出沉没成本之后，如果发现面临的每期固定成本 f_s^{ij} f_s^{ij} 较低则会与需求方继续发展持续时间较长的贸易关系，反之则会因为无法获利而选择立即终止贸易关系。Segura-Cayuela 和 Vilarrubia 对于不确定性因素的引入表明了新的贸易关系建立之后并不能保证其长期存在，只有在其开始出口之后才能解决出口市场的不确定性问题。这意味着出口市场上可以观察到大量贸易关系的反复进入和退出，也解释了目前实证领域内发现的贸易持续时间的短暂性。

2.2.2 贸易二元边际

在二元边际方面，古典和新古典贸易理论假定产品为同质性的且认为不可逆的比较优势是贸易发生的动因，因此其暗含了贸易增长只能通过基于集约边际实现的结论。新贸易理论在规模经济和不完全竞争市场的假定之上突破了产品同质化的假设，认为消费者对多样化产品的追求是贸易发生的主要原因，因此也强调贸易增长的源泉主要来自于扩展边际（Bernard et al.，2009）。可见，二者分别更侧重于单一边际，未能在统一框架下实现融合。新新贸易理论在不完全竞争市场和差异化产品假定的基础上引入了企业异质性和市场进入成本，认为高生产率的企业能够实现盈利、进入出口市场，而低生产率的企业则遭到淘汰，这一机制使得贸易增长可以沿着两个边际的方向实现。需要指出的是，目前贸易二元边际在已有的研究中从不同的角度也有着不同的定义，例如可以从企业、产品和出口关系的角度去定义二元边际。虽然已有理论可以对其产生的原因进行解释，但是在纳入贸易关系持续性情况下的分析尚未形成完善的理论框架。已有研究表明，从对二元边际进行结构性分解的角度来看，贸易关系的持续性有助于实现贸易收入的平稳增长（Besedeš and Prusa，2011）。

2.2.3 新市场进入

在新市场进入方面，基于新新贸易理论，企业为了实现出口市场的开拓目标，除了需要考虑如何提高自身生产率，如何克服市场进入成本也是关键。新新贸易理论很好地解释了企业进入市场的原因以及进入市场需要克服的困难，但没能说明企业如何实现这一过程。在新新贸易理论中，行业可以通过"自选择"效应实现生产率的提升，但为了实现模型的简明性和易扩展性而假设单个企业基于帕累托分布抽到的生产率是随机和外生的。事实上，新新贸易理论很大程度上对于贸易发生后尤其是随着出口持续时间不断增加之后所收获的结果并没有给出完善的答案。而 Arrow

（1962）提出了著名的"干中学"（learning by doing）理论，新新贸易理论也认为企业可以在出口过程中通过学习得到提升。因此，在随着出口关系持续时间的延长，企业通过降低进入目标市场所需贸易成本的方式实现老产品的新市场进入。

从总体来看，在考虑中国农产品出口关系持续时间影响因素和效应的理论时，比较难以找到统一的框架。搜索—匹配理论和不确定性下的异质性贸易理论突出了企业建立贸易关系时的行为特征，但这两个理论更侧重于贸易关系初期的特点，虽然很好地解释了为何出口关系持续时间如此短暂，但对于贸易关系后期维护和中断的讨论尚有不足。对于持续时间的影响效应而言，出口关系持续时间和生存情况对于出口增长的贡献比较直观，但目前也仍难以形成完善的理论框架。相比而言，出口关系持续时间通过出口学习降低成本的方式实现新市场进入的过程有着较为坚实的理论基础，但这一问题属于贸易带来的结果，新市场进入所需要克服的市场进入成本仍然是建立在新新贸易理论框架之上的，而新新贸易理论的基准模型更强调出口"自选择"而非出口学习。因此，现有的理论框架对于出口关系持续时间这一问题的解释，出口关系发展的不同阶段需要依靠不同的贸易理论去进行阐述，也说明出口关系持续时间这一出现较晚的贸易议题仍然需要更多理论和实证检验的推动。

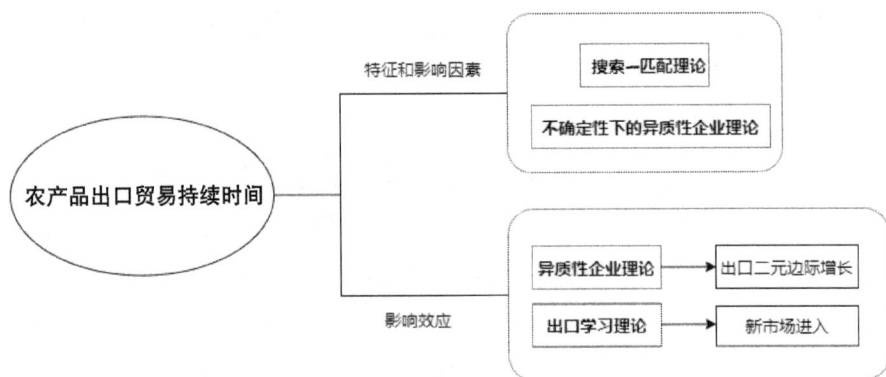

图 2-1　农产品出口贸易持续时间的理论框架

第三章　中国农产品出口关系的基本特征

本章主要研究 HS6 分位层面上中国农产品出口关系的基本情况，其中出口关系指的是当年实际有出口贸易发生的"出口国—产品—目的国"的组合。本书研究的主题是出口贸易持续时间，其中持续时间是在细分产品出口关系层面上进行定义的，因此在对其展开研究之前首先对基本特征进行梳理。一方面考察中国农产品出口关系总体数量变动规律；另一方面通过对比初步探究出口关系数量和农产品出口总额的关系，并进一步对相邻两年出口关系中断比例进行观察与分析，为后续在整个生存周期内考察出口关系的持续时间打下基础。

3.1 数据说明

由世界海关组织（World Customs Organizatior，WCO）发布的商品名称及编码协调制度（The Harmonized Commodity Description and Coding System，HS）是目前国际贸易统计中最为广泛的产品名称编码体系。其中，贸易产品按照编码细分程度由低到高可以分为章（2 分位）、目（4 分位）和子目（6 分位）三个层面。贸易关系持续时间的研究与采用数据的细分程度紧密相关，采用的数据越加总则贸易关系的动态变化就越容易被掩盖。因此，与大多数已有研究一致，本书采用目前国际上最细分的 HS6 分位数据。在数据来源上，本书采用 CEPII-BACI 数据库中的贸易数据，以期在细分产品层面更全面和准确地反映贸易活动。本书采用的农产品包含了 WTO 乌拉圭回合划定的农产品范围以及水产品，共计 776 种 HS6 分位细分。为了刻画出中国农产品出口贸易持续时间的全貌，本章将中国 CEPII-BACI 数据库中的 207 个国家作为研究对象。

3.2 世界农产品贸易关系的基本情况

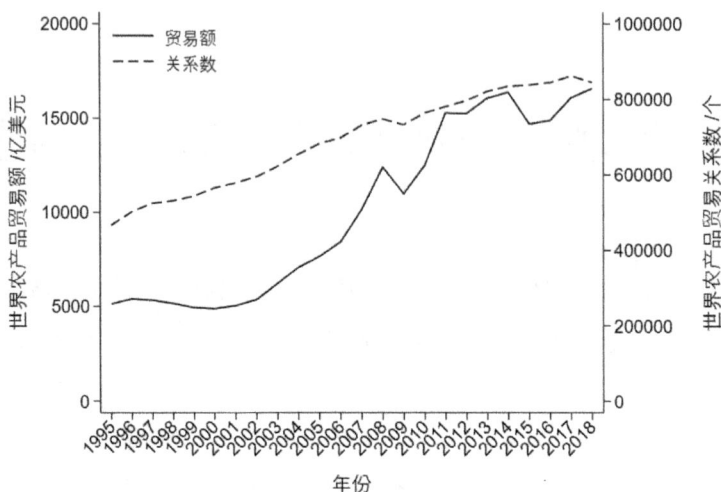

图 3-1　世界农产品贸易额和关系数

数据来源：作者根据 CEPII-BACI 数据计算得到。

从图 3-1 可以看出，世界农产品贸易额在 1995—2009 年之间实现了一轮长期稳定的上涨，从 5136.7 亿美元增加到 1240.56 亿美元，年均增长率达到了 10.886%。1994 年乌拉圭回合的成功使农产品纳入全球自由贸易的轨道，而 1995 年 WTO 的正式成立则开启了世界经济全球化的新时代，农产品贸易体量也随着各国市场准入的改善而迅速增加。2008 年金融危机导致全球范围的收入和需求下降，这也改变了世界农产品贸易稳定增长的势头，2008—2009 年间全球农产品贸易额大幅下降了 11.315%。此后，随着危机后世界经济的复苏全球农产品交易又恢复增长，但增速明显放缓，2009—2018 年间的年均增长率仅为 5.638%，且复苏呈现出一定的波动性，在 2012 年和 2015 年又有小幅下滑。这一方面是因为危机后世界经济的增长并不稳定；另一方面则是因为世界农产品的贸易自由化水平低于非农产品，关税水平更高。而且危机后各国为农产品设置了更多贸易壁垒，据《全球贸易预警报告》统计，2015 年全球采取的国际贸易保护措施的数量比上一年度增长了 50%（唐宜红，2017）。总体而言，1995—2018 年间全球农产品贸易额呈现出明显的增长趋势，但金融危机后增速有所放缓，这与全球经济的增长趋势相一致。

世界农产品贸易关系数量随时间的变化趋势总体上与贸易额类似，从1995年的46.608万个增加到2018年的84.550万个，年均增长率为3.535%。此外，贸易关系数也在2008年发生大幅减少，此后又恢复增长。1995—2008年间年均增长率为4.665%，2008—2009年间下降了2.063%，而2009—2018年间的年均增长率为1.701%。贸易关系的变动情况与贸易额的不同之处在于2008年之后贸易关系数的增速降幅均低于贸易额，而且从图3-1可以看出，2008年后贸易关系的数量增长比较稳定，而贸易额呈现出明显的波动特征。图3-1的结果表明，全球贸易关系数量与贸易额的变动趋势具有一定的一致性。虽然全球农产品贸易额增速有所减缓，但关系数仍然在稳定增加，从这一角度来看，农产品贸易全球化的步伐在2018年之前并没中止或者倒退。原因可能在于，2000年以来全球农产品贸易格局发生了重大变化，包括中国在内的新兴经济体和发展中国家的地位不断上升，逐步成为参与全球化的主要力量，并且建立起了越来越广泛的贸易关系网络。

3.3　中国农产品出口关系的总体情况

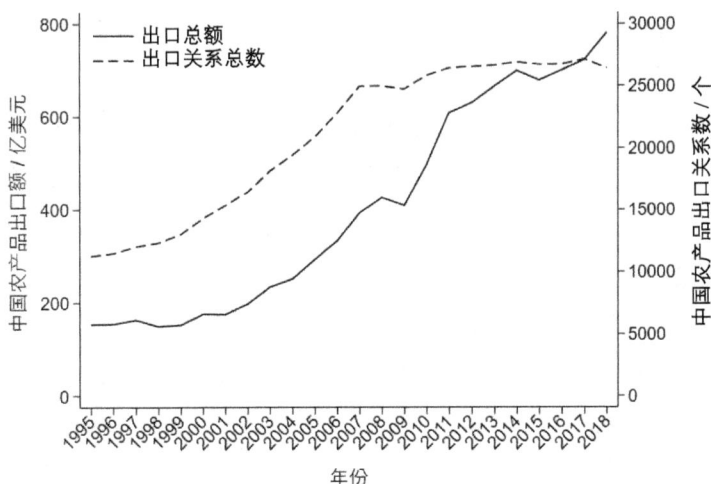

图3-2　中国农产品出口总额和出口关系总数

数据来源：作者根据 CEPII-BACI 数据计算得到。

从图 3-2 中可以看出，中国农产品出口总额的发展可以分为三个阶段。1995—2001 年中国农产品出口总额增长较慢。1995—2001 年间从 153.814 亿美元增加到 175.688 亿美元，年均增长率仅为 2.370%，其原因在于虽然 1992 年党的十四大明确提出建立社会主义市场经济体制并且开始了外贸管理体制的市场化改革，但总体而言仍处于探索阶段，并且 1995 年 WTO 成立以后中国虽然迅速开始了入世谈判，但这一阶段中国尚未融入世界农产品自由贸易的体制（盛斌和魏方，2019），因此农产品出口也未能实现突破。此外，1997 年的亚洲金融危机也使得一些主要农产品出口国货币大幅贬值，我国农产品出口市场竞争加剧（李伟克和刘桂才，1998；牛宝俊等，2000），当年出口总额下降了 8.509%。此后，中国农产品出口总额在 2002—2008 年迎来了快速稳定的增长。2002—2008 年间从 198.094 亿美元迅速增加到 426.310 亿美元，年均增长率高达 19.200%，远远高于前一阶段。2001 年加入 WTO 以后，中国得以与世界通行的经贸规制接轨，也逐渐融入世界农产品贸易市场，而国内外贸政策和体制的改革也实现了快速发展。此外，从外部环境来看这一阶段世界形势仍然处于经济全球化的深化过程中，全球经济发展势头良好并带来了稳定且强劲的农产品市场需求。第三个阶段为 2009—2018 年，与世界农产品贸易总体的低迷态势同步，中国农产品出口总额在这一段增长减缓。2008 年的金融危机使中国农产品出口总额在 2009 年大幅下降 4.039%，这是自 1998 年以来中国农产品出口总额首次出现下降。在危机之后中国农产品出口又重新恢复了增长，但 2009—2018 年间的平均增长率仅为 10.121%，虽然仍然高于世界平均水平，但仅为上一阶段增速的大约二分之一。

中国农产品出口关系的总数也呈现出增长态势，总体可以分为两个阶段。第一阶段为 1995—2008 年，农产品出口关系总数迅速增加。1995 年中国农产品出口关系数量仅为 11279 个，2008 年已经达到 24969 个，年均增长率高达 9.337%，明显高于同期世界总体的增长速度。与出口总额不同，1995—2001 年期间中国虽然未加入 WTO，但出口关系总数实际仍在快速增长过程中。原因可能在于中国与友好国家之间的贸易处于探索阶段，并快速建立起了一些出口关系，但由于体制和经营能力受限并未能转化成快速增长的出口收入。而 2001—2008 年出口关系总数快速增长则是因为入世以后中国被世界农产品自由贸易市场接纳，从而在更多国家和地区迅速打开了出口关系高速发展的新局面。但值得警惕的是，2008 年金融危机后中国农产品出口关系总数增长陷入了困境。2009 年中国农产品出口关系总数发生了 1995 年以来的首次下降，虽然在此后在整体上又重新恢复了增长的趋势，但下滑趋势已经非常明显。2009—2018 年间中国出口关系总数从 24722 个增长到 26409 个，年均增长率仅为 0.758%，基本处于停滞状态。此外，在 2018 年中国农产品出口关系总数再次出现下降，2018 年出口关系总数已经少于 2011 年。

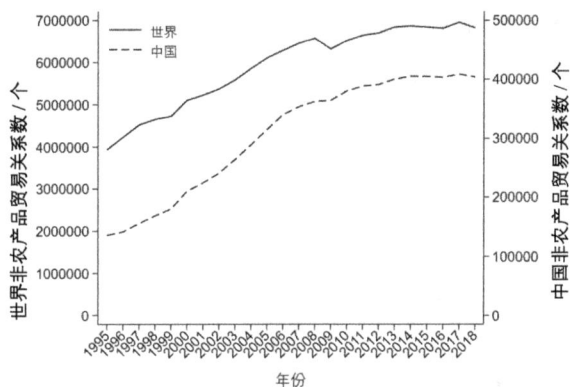

（a）

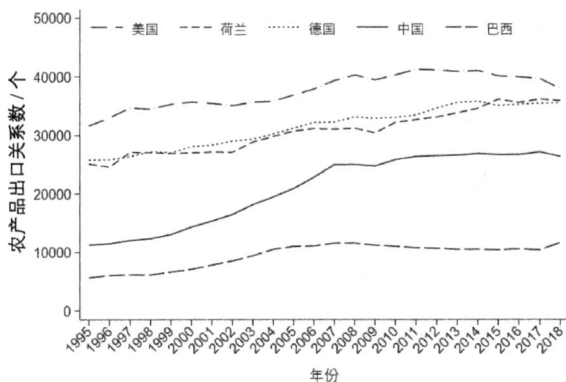

（b）

图 3-3 中国非农产品出口关系数与农产品和主要国家的对比情况

数据来源：作者根据 CEPII-BACI 数据计算得到。

通过图 3–3（a）可以发现，中国非农产品产品出口关系数增长速度高于非农产品，尤其是在 2008 年以后。与农产品不同，中国非农产品 2009—2018 年间出口关系数量的平均增长率为 1.216%，并未像农产品一样出现增长的局面，并且非农产品出口关系数在 2008 年以后的平均增长率也超过了世界总体的增长率。可见，相比非农产品而言农产品出口关系数量的增长在 2008 年以后遇到了更大的困难。图 3–3（b）中为世界数量排名前 5 的国家农产品出口关系数变动情况，一方面，以 2018 年为例，图中美国、荷兰、德国、巴西和中国同时也是出口额排名世界前 5 的国家，可见出口关系数量众多的国家出口额往往也较大。此外，从横向对比来看，2008 年以后，荷兰和德国出口关系数平均增长率高于中国，而巴西和美国的增长率则较低。

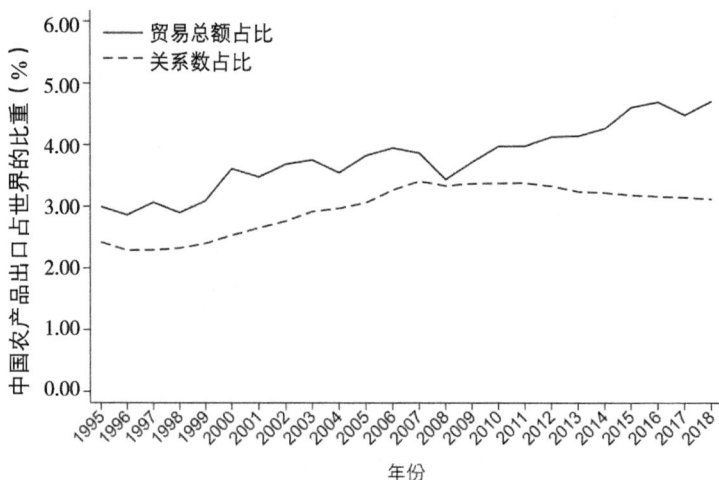

图 3–4　中国农产品出口总额和关系数占世界的比重

数据来源：作者根据 CEPII-BACI 数据计算得到。

进一步在图 3–3 中考察中国农产品出口总额和出口关系数占世界总体的份额，以明确其相对位置和变动情况。从出口总额占世界总体的份额来看，中国农产品出口总额占世界总体的份额呈现上升趋势，和出口总额一致，并且 2008 年之后份额仍然有所提升。1995 年中国农产品出口总额仅占世界总体的 2.994%，到 2018 年时已经增长到 4.714%，中国农产品出口总额占世界农产品份额实现了较大幅度的增长。从走向来看，受到经济危机影响，2009 年中国农产品出口总额占世界总体的份额显著下降了 0.28%，这说明从出口份额来看，中国农产品出口总额受外部影响更大。令人欣慰的是，此后中国农产品出口总额的占比又恢复了增长，在 2009 年以后平均每年仍然可以增长 0.011%。其原因在于，一方面，经济危机以后中国采取了全面鼓励出口的贸易政策，使得出口总额增长得到基本稳定（盛斌等，2011），中国农产品出口恢复的速度超过了世界总体。另一方面也得益于中国在 2008 年以后加速了区域贸易合作战略的实施，并实施了"一带一路"倡议，为中国农产品出口找到了新的增长点。另外值得注意的是，相对于出口绝对数额，出口份额的变化波动性更明显。原因可能在于中国与国际市场接轨享受红利的同时要接受世界市场供需变动风险的传导效应，受此影响中国农产品出口也将随世界形势而发生波动（田维明等，2013）。

中国农产品出口关系数量占世界总数的份额也呈现出阶段性特征，1995—2018 年间经历了一轮快速的增长，1995 年中国农产品出口关系数量占世界总体的比重仅为 2.42%，经历小幅下滑后迅速增加到 2008 年 3.34%。期间出口关系数量世界市场份额年均增长 0.07%，这一数值是出口额的 2.07 倍。1995 年时中国出口关系的世界市场份额比出口总额的世界市场份额低 0.57%，到 2008 年时已经追赶至只差 0.08%，几乎持平。中国农产品出口关系的世界市场份额快速增长的原因可能在于中国外贸体制改革后农产品出口企业积极"走出去"，开始与其他国家迅速建立起农产品出口关系。由于起点较低，本身在前期的相对增速就会较高，加上入世后顺利融入世界农产品贸易体系，进一步加快了出口关系网络扩张的相对速度。值得注意的是，2009—2018 年间中国农产品出口关系的世界市场份额已经出现了明显的下滑趋势。2009—2018 年间中国出口关系占世界的市场份额降低了 0.248%，2018 年的世界市场份额已经跌至 2006 年以前的水平。在金融危机之后，出口关系的世界市场份额在 2010 年和 2011 年小幅回升，但未能延续增长势头且在 2012 年开始了连续 5 年的下降过程。结合总数来看，中国农产品出口在 2012—2017 年间增加了 624 个出口关系，只占同期世界关系总数增幅的不足 1%，并且 2018 年出口关系总数开始下降。此外，出口关系世界市场份额与出口额世界市场份额的差距被重新拉开并且涨幅巨大，2018 年时差距已经达到了 1.589%。

2008 年以后世界市场份额下降说明中国农产品出口关系增长速度已经落后于世界，2009—2018 年间世界农产品出口关系的平均增长速度比中国高 0.943%。出口关系增速的放缓存在一些客观原因，此前中国出口关系网络扩张的过程更类似于从无到有的过程，而在后期增速放缓符合规律，而 2008 年之后世界经济增速放缓而且农产品贸易波动性增加，外部经贸环境也在逐渐恶化。但外部环境的恶化对各国均有明显影响，中国农产品出口关系总数增长的停滞和相对份额的下降是一个值得警惕的现象。虽然出口总额的相对份额在增加，但作为出口收入载体的出口关系呈现出了收缩的态势，增加了后期发展的不稳定性和不确定性，而这背后的原因值得深入探讨。

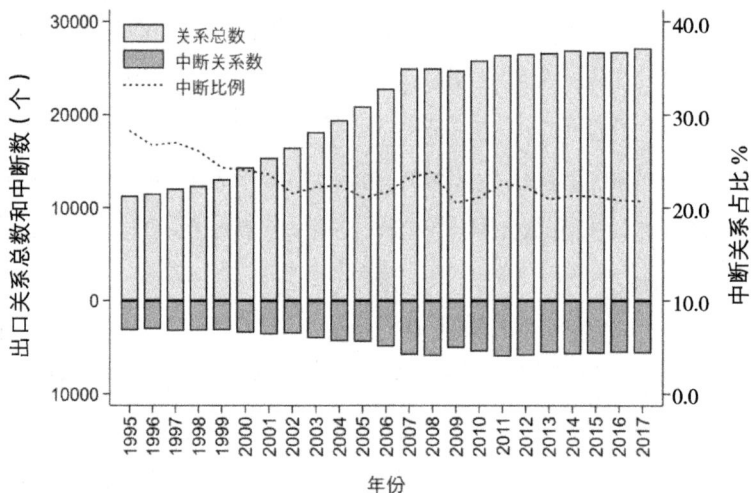

图 3-5　中国农产品出口关系的中断情况

数据来源：作者根据 CEPII-BACI 数据计算得到。

前文对世界和中国出口关系的数量进行了分析，虽然在不同年份的横截面分析了其变化规律，但本质上仍然属于对静态的考察。这是因为相邻两年的出口关系数量变化是一个动态过程，包含了原有关系的延续、中断以及新关系的加入，当年出口关系绝对数量只是这种动态变化的结果呈现。本书关注出口关系的持续时间，而出口关系的中断是出口关系持续时间的终点，出口关系的频繁中断也是造成其持续时间较短的原因。在全面考察持续时间之前，这一部分中首先以相邻的两年为观察对象，研究中国农产品出口关系中断的基本情况。图 3-5 中中断的含义为某一农产品出口关系当年发生但是次年不复存在的情况，而中断比例是指中断的出口关系数占当年总体的份额。

总体而言，中国农产品中断的出口关系数量随着出口关系总数增加，出口关系中断比例的范围则在 20%—30% 之间，近几年总体稳定在 20% 左右。从数值来看，中国农产品出口关系中断的比例较高，超过五分之一的出口关系在次年发生中断。随着中国对世界农产品贸易市场融入程度的加深，出口关系数量的扩张速度会逐渐放缓，而居高不下的出口关系中断比例则会导致出口关系网络的相对收缩，从而进一步造成中国出口关系相对于世界的市场份额的下降趋势。在此前提下，依托于出口关系的贸易收入也会发生损失，而这可能也是除了外部条件变化以外中国 2008 年以来农产品出口增长乏力的一大原因。值得指出的是，中断关系数量最大值出现在 2008 年，5931 个中国农产品出口关系在金融危机次年中断，占比达到了 23.8%，这也是 2002—2018 年间的最大值，说明受全球性经济危机影响造成了中国农产品出口关系的大规模中断。

另外，出口关系的中断比例也呈现出了阶段性的特点。1995—2002 年间表现出了明显的下降趋势，从 28.3% 下降到 21.5%。1992 年党的十四大提出建立社会主义市场机制以后，我国外贸企业管理经营体制开始由垄断经营变为外贸企业自负盈亏，激发了出口企业的积极性。随着复关谈判的深入和入世谈判的开启，中国参照 WTO 规则进行了更为全面的改革（余振和王净宇，2019）。外贸管理权力的下放和多种出口政策的支持为大量企业"走出去"提供了条件，但初期走向出口的企业技术和管理水平较低（盛浩，2018），并无深耕国际农产品出口市场的经验，因此在初期建立的农产品出口关系面临着较高的中断比例。随着在国际市场上经验的不断累积，农产品出口企业维护出口关系稳定性的能力也得到了提高，使得这一阶段出口关系中断的比例不断下降。但这一趋势在中国入世以后并未能进一步延续，自 2002 年以后中国农产品出口关系的中断比例呈现出一定的波动性但变化幅度较小，2017 年的中断比例为 20.7%，略低于 2006 年的数值。入世以后中国的外贸政策得到了进一步放宽，同时农产品出口市场比以往更为广阔，企业出口的经验也更为丰富，但这一系列有利因素并未能够显著促进中国农产品出口关系中断比例的下降，其背后的原因和机制有待进一步挖掘。

最后，对于出口关系的中断情况的分析为对贸易持续时间的研究奠定了基础，但对中断比例的考察仅考虑了相邻两年的情况，而事实上某年延续和中断的出口关系可能处于生存的不同阶段，这种区别也会进一步导致中断风险和出口收入损失的差异，因此出口关系的动态变化更为复杂，需要后续对出口持续时间的专门研究。

3.4 中国不同农产品出口关系的基本情况

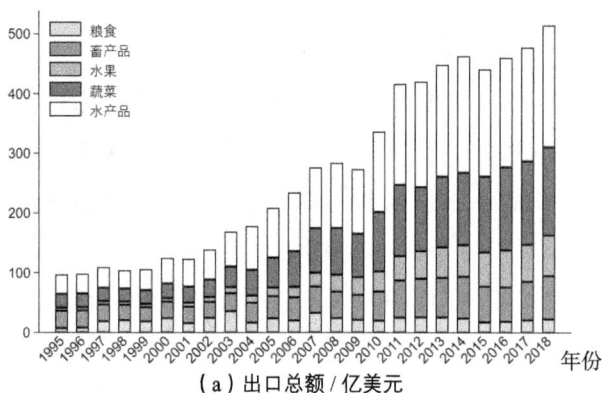

（a）出口总额/亿美元

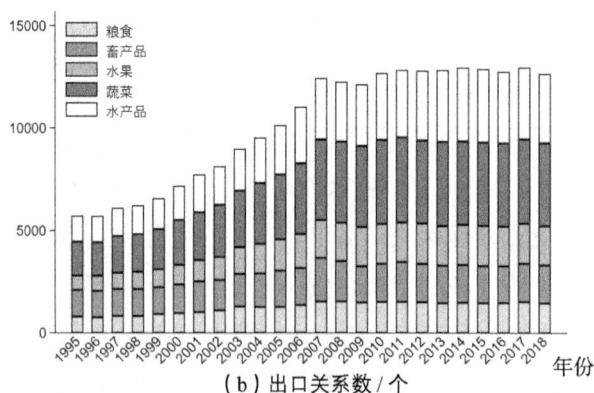

（b）出口关系数/个

图 3-6　中国不同农产品的出口总额和出口关系数

数据来源：作者根据 CEPII-BACI 数据计算得到。

本部分选取蔬菜、水果、水产品、畜产品、粮食五种典型农产品分别进行研究，从图3-6中的出口总额来看，五种农产品差异较大，2018年五种农产品出口总额由高到低依次是水产品、蔬菜、畜产品、水果和粮食，其中水产品的出口总额高达204.166亿美元，是粮食出口总额的9.08倍。在五种农产品中水产品的出口额始终稳居第一，蔬菜在2001年超过畜产品之后就保持在第二位，水果从排名最后逐渐超越粮食并接近畜产品，相比而言畜产品和粮食的位次则经过了多次变动。从走向来看，五种农产品均表现出阶段性的特点，在2008年之后发生了明显变化。水产品、畜产品、蔬菜和粮食均在2008—2009年间发生明显下降，幅度分别为1.16%、5.45%、6.64%和11.59%。水果虽然仍然实现了增长但涨幅仅有4.62%，相对于此前年均33.73%的增速已经出现了明显下降。2009年经危机过后各产品总体上进入了出口总额增速放缓阶段，水产品、水果、粮食、蔬菜在2008年以后的年均增长率分别比之前下降了8.10%、18.95%、16.88%和7.62%，只有畜产品的增长率实现了微弱提升，原因可能在于我国畜产品出栏量和产量在规模化养殖深入发展的背景下得到了不断增长，但畜产品贸易仍然存在逆差过大等风险（韩昕儒等，2015）。此外，除了水果始终保持了平稳的增长态势以外，其余四种农产品在2008年以后表现出了比此前更明显的波动性。最后，从平均增速来看，五种农产品中蔬菜、水果和水产品都超过了中国农产品总体的增速，但2008年以后只有蔬菜和水果的平均增速超过了总体，水产品增速已经减缓至略低于总体的水平。结合规模和增长趋势来看，五种农产品中蔬菜、水果和水产品作为优势产品成为推动农产品出口增长的主要力量，而畜产品和粮食的增长前景则存在一定挑战。

对于出口关系的数量，从相对位置来看五种农产品的排序和出口总额略有不同。2018年出口关系数量排序依次为蔬菜、水产品、水果、畜产品和粮食。蔬菜和水果分别超过了水产品和畜产品，但总体而言与出口总额的排序差异不大，水产品和蔬菜位居前两位，而水果和畜产品的差距较小。从变动方向来看，和出口总额一致，五种农产品的出口关系数在2008年之后的平均增长率均低于之前，其中蔬菜、水产品、水果、畜产品和粮食的下降幅度分别为 10.21%、8.79%、13.10%、3.46% 和 7.37%。2008 年以后蔬菜、水果、畜产品和粮食出口关系数量的增长陷入停滞状态，而水产品虽然 2008 年以后仍保持了 1.36% 的年均增长率，但相比于 2008 年之前 13.10% 的年均增长而言大幅减少，并且在 2014 年开始已经进入连续下滑区间。这种全面停滞的状态值得警惕，能够带动农产品出口总额增长的蔬菜、水果和水产品等优势产品并未能带动出口关系数量的增长，而这些优势产品出口关系增长的停滞有可能对出口总额的持续稳定增长带来隐患。

表 3-1　中国不同农产品出口的国内市场和世界市场份额

		1995 年		2001 年		2009 年		2018 年	
		国内市场份额	世界市场份额	国内市场份额	世界市场份额	国内市场份额	世界市场份额	国内市场份额	世界市场份额
粮食	总额	0.048	0.012	0.090	0.029	0.052	0.016	0.029	0.011
	关系数	0.070	0.033	0.066	0.033	0.060	0.037	0.055	0.030
畜产品	总额	0.189	0.027	0.156	0.027	0.102	0.020	0.092	0.024
	关系数	0.115	0.018	0.097	0.018	0.071	0.018	0.070	0.017
水果	总额	0.034	0.015	0.037	0.017	0.072	0.033	0.088	0.044
	关系数	0.062	0.019	0.068	0.022	0.078	0.031	0.073	0.026
蔬菜	总额	0.148	0.070	0.152	0.078	0.179	0.099	0.188	0.140
	关系数	0.148	0.029	0.152	0.033	0.160	0.042	0.153	0.038
水产品	总额	0.212	0.055	0.265	0.073	0.263	0.097	0.261	0.115
	关系数	0.112	0.022	0.120	0.025	0.122	0.033	0.128	0.035

数据来源：作者根据 CEPII-BACI 数据计算得到。

对于分产品的考察需要考虑产品之间的差异性，每种大类产品包含的 HS6 分位产品数有所不同，因此不仅要在国内的不同种类之间对比，还要对于同一种产品考察中国在世界总出口中的相对份额变化趋势，这一部分中对于出口总额和出口关系的世界市场份额进行分析，其中世界市场份额是指当年中国某种产品出口总额和出口关系数量占世界总体的比例。

2018 年五种农产品出口总额占世界市场的份额排序依次是蔬菜、水产品、水果、畜产品和粮食，且不同农产品的份额相差较大，2018 年蔬菜和粮食出口额的世界份额分别为 14.00% 和 1.13%，相差了 12.42 倍。而 2018 年蔬菜和粮食出口额在中国农产品出口的国内份额差距为 6.54 倍，说明从横向对比而言不同农产品在国际上的分化情况较为明显。世界市场份额与国内市场份额的排名略有差异，蔬菜和水果的相对位置更加靠前。从出口总额占世界市场份额的走向来看，不同产品对总出口额贡献的分化依然存在，优势产品目前仍可以支撑出口总额在世界市场中份额的增长。五种农产品中，畜产品和粮食表现出了明显的下行趋势，但蔬菜、水产品和水果三种优势产品的世界市场份额仍然位于上升区间，2009—2018 年间分别增长了 4.10%、1.77% 和 1.05%，而同期中国农产品总体的世界市场份额增长幅度为 0.995%，三种优势产品对出口总额起到拉动作用。

相比于出口总额，五种农产品出口关系的世界市场份额情况不容乐观。2018 年农产品出口关系数世界市场份额排名从高到低依次是蔬菜、水产品、粮食、水果和畜产品。但最高的蔬菜世界市场份额也仅为 3.78%，而最低的畜产品为 1.66%，差距仅为 2.26 倍，相比于二者出口额世界市场份额的占比差距而言大幅缩小。这说明从出口关系的世界市场份额而言，我国出口增长主要依赖的蔬菜、水果等产品并未同劣势产品拉开差距，相应的贡献可能也就有所不足。相比而言，五种农产品的世界市场份额在 2008 年之后的形势更加严峻，其中蔬菜、水果和水产品的下滑尤为显眼。2009—2018 年间中国农产品总体出口关系数的世界市场份额累计下降了 0.248%，蔬菜和水果同期世界市场份额的下降幅度竟然超过了总体，分别达到了 0.445% 和 0.508%。水产品虽然累计增加了 0.171%，但从 2015 年已经开始连续下降，到 2018 年已经跌至 2012 年以前的水平。从世界市场份额来看，三种优势产品未能对中国出口关系数量增长形成拉动作用，这一方面说明了出口关系网络的发展前景面临较大压力，另一方面也说明出口关系数量变动的动态机制较为复杂，有待深入研究。

（%）

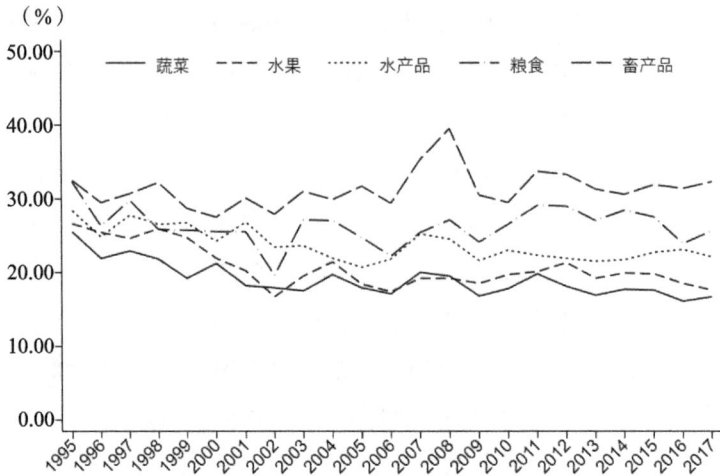

图 3-7　中国不同种类农产品出口关系的中断比例

数据来源：作者根据 CEPII-BACI 数据计算得到。

　　通过对五种农产品出口关系数量的基本分析可以发现各农产品出口关系数量增长均面临困境，因此，需进一步从动态视角考察各个农产品出口关系中断比例的情况。从数值来看，2008 年畜产品的中断比例最高达到 39.46%，2017 年蔬菜的中断比例最低至 16.08%，各农产品在不同年份的中断比例在此范围内波动，五种农产品出口关系的中断比例比总体变动范围略大。从相对位置来看，2017 年五农产品中断比例由低到高依次是蔬菜、水果、水产品粮食和畜产品，这一排序在各年间总体比较稳定。

　　从表 3-1 可以看出，五种农产品出口关系总数市场份额变动趋势较为相似，均经历了从增长到下滑的过程，但从图 3-6 中的中断比例来看五种农产品的情况又有所不同。畜产品和粮食出口额和关系数量的规模、市场份额和增速都相对表现较差，而出口关系中断比例的情况或许可以解释其背后的部分原因。畜产品和粮食的出口关系中断比例始终都在一个较高的区间内波动，1995—2017 年间的平均中断比率分别高达 31.32% 和 26.32%，比中国农产品总体的均值分别高出 8.40% 和 3.40%，而且两种农产品的出口关系中断比例波动性较强，并未呈现出规律性。作为对比，蔬菜、水果和水产品出口关系中断比例相对较低，1995—2017 年间的均值分别为

19.03%、20.67% 和 23.74%。而且三种农产品均呈现出中断比例先下降后平稳的趋势。三种农产品在 1995—2002 年间中断比例分别下降了 7.63%、9.98% 和 5.08%，并在此后进入小幅度的波动阶段，在 2009—2017 年间的中断比例分别仅下降了 0.83%、1.92% 和 1.50%

综合来看，五种农产品的出口关系中断比例表现出了数值和走向上的分化，说明不同农产品之间的出口关系中断情况存在明显的产品异质性。此外，单独看出口关系总数时，蔬菜、水果和水产品作为我国农产品出口中的特色产品未能表现出优势，这与三者在出口中总体的优异表现并不相符，但进一步考虑出口关系的中断时，三种农产品体现出了较低的中断比例和较好的适应能力。这说明对于不同农产品而言，能体现其竞争力的不仅是出口关系总数的多少，还要在动态上看出口关系的延续能力，中断比例较低的农产品往往能在出口中有着更好表现。

3.5 中国向不同地区农产品出口关系的基本情况

根据图 3-8 的结果，中国向各地区农产品出口总额的相对位置始终稳定，亚洲一直是中国农产品出口的第一大地区，欧洲和美洲始终分列第二和第三，而非洲和大洋洲则始终在最后两位。中国向各地区农产品的出口总额有着较大差异，2018 年向亚洲、欧洲、美洲、非洲和大洋洲的出口总额占中国总出口的比重依次为 61.25%、16.37%、15.79%、4.63% 和 1.96%。从各地区的变动趋势来看，1995—2018 年间大洋洲、非洲和美洲虽然占比较小但年均增长率超过了总体，亚洲和欧洲则处于落后位置。此外，与中国总体农产品出口额的趋势一致，各地区均经历了先增长后减缓的过程。欧洲、美洲、非洲和大洋洲在 2009 年以后的年均增长率比之前分别降低了 15.53%、41.41%、25.78% 和 60.12%，只有亚洲增加了 4.20%。

从出口关系的相对位置来看，2018 年中国向亚洲、欧洲、美洲、非洲和大洋洲出口占总体关系数的比重分别为 35.99%、29.02%、15.40%、14.40% 和 5.18%，出口关系数量的排名和出口总额一致并且比较稳定。亚洲和欧洲始终分别是中国第一和第二大出口地区，2008 年非洲首次超过大洋洲之后二者位次交替上升，而大洋洲则始终是出口关系数最少的地区。中国向各地区农产品的出口关系数仍然有着较大差异，但相对于出口额而言差异更小。2018年中国向亚洲和大洋洲农产品出口总额的差距为31.25倍，而出口关系数的差距仅为6.95倍。各地区变动趋势与总体一致，出口关系数在前期经历了高速增长，但在金融危机后之后增速开始全面下降，2009—2018年间平均增速最快的地区为美洲，但增速也仅为1.33%。

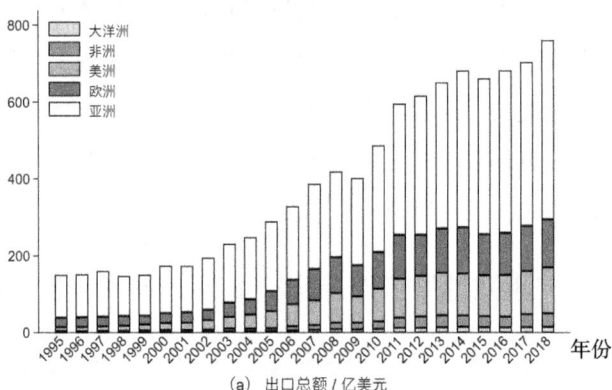

(a) 出口总额 / 亿美元

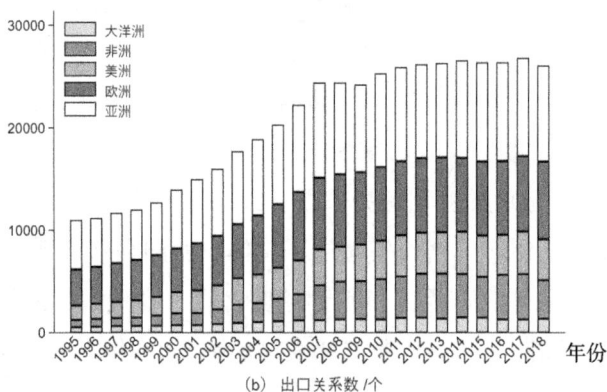

(b) 出口关系数 / 个

图3-8　中国向不同地区农产品出口总额和出口关系数量

数据来源：作者根据CEPII-BACI数据计算得到。

总体而言，各地区的出口关系变动波动性较小，但其中非洲的出口关系数量情况值得注意。首先，非洲在2008年前后出口关系数增速变动剧烈，1995—2008 年间非洲的出口关系数平均增长率高达 31.75%，同期中国总体增速为 9.337%，而增速第二快的美洲也仅有 11.27%。但这一增长速度在 2008 年后不仅未能延续，反而在 2009 年之后非洲逆转成为增速最慢的地区，2009—2018 年间的平均增长率仅为 0.20%。其次，非洲在出口关系高速增长的阶段并未实现出口总额的同步增长，1995—2008 年间中国向非洲出口关系数迅速赶超了美洲，但出口总额的差距却反而被拉大。1995 年我国向美洲出口关系数是非洲的 1.94 倍，到 2008 年已经基本持平，然而同期中国向二者出口总额的差距却从 3.55 倍增长到了 4.55 倍。虽然对非洲出口关系数实现了对美洲的追赶，但出口总额的差距却反而被拉大。这说明，为了实现出口收入的稳定发展，仅有出口关系总数的增长远远不够，其背后的机制更为复杂。

在表 3-2 中可以进一步考察中国向各地区出口农产品的相对位置。从中国农产品出口总额占对方从世界农产品总进口市场份额的相对位置来看，2018 年的排序依次为亚洲、大洋洲、美洲、非洲和欧洲，其中 2018 年中国出口占亚洲农产品总进口市场份额的比重为 8.35%，而出口至欧洲的比重仅为 1.81%。从世界市场份额的变动走向来看，欧洲、美洲、非洲和大洋洲始终保持上升，但 2008 年以后增速放缓。大洋洲的份额在各地区中增长最快，这主要是由中国向新西兰和澳大利亚的出口拉动，二者分别在 2008 年和 2015 年同中国签订了自由贸易协定。此外，亚洲市场份额的变动值得注意。中国出口占亚洲总进口的份额从 2001 年开始明显下降，到 2008 年时已经从 69.53% 下滑至 53.14%，此后又逐渐增长到 2018 年的 61.25%。自开始建立市场经济体制以来中国农产品出口首先立足于周边亚洲国家，但 1998 年亚洲金融危机后中国对亚洲的部分农产品出口受阻，加入 WTO 后中国开始逐渐将出口转移至欧美等市场。2008 年之后欧洲等其他市场需求降低并加强了贸易壁垒（刘靖等，2016），加上中国同东盟等国家建立起自由贸易区，使得中国农产品出口又重新向亚洲倾斜。

对于中国出口关系总数占各地区进口关系总数的份额，2018 年大洋洲、非洲、亚洲、美洲和欧洲的份额依次是 4.21%、3.89%、3.87%、3.56% 和 2.12%。从走向来看，2009—2018 年间中国农产品出口关系数除了占美洲总进口的份额小幅增加了 0.25% 以外，在其余四个地区中所占的份额均有所下降，亚洲、欧洲、非洲和大洋洲分别下降了 0.67%、0.19%、0.20% 和 0.02%。这说明从对方进口需求来看，中国在对方市场进口贸易关系网络的重要性呈现出了下降趋势。在各个地区中，2008 年之后中国出口占亚洲总进口关系份额降幅最大，对亚洲的份额在 2012 年之前在各地区始终排第一，到 2018 年时已经被大洋洲和非洲超越，并且有进一步下滑的趋势，自 2014 年以来不断创下新低。事实上，亚洲 2009—2018 年间从世界的农产品进口关系增长率为 3.15%，在各地区中增长最快，进口关系数占世界市场的份额也从 26.152% 增长到了 28.93%，但同期中国向亚洲出口关系平均增速仅为 1.05%。这说明金融危机以后虽然亚洲国家从中国的进口总额仍然占据着最高的比重，但在进口关系上已经越来越多地转向其他来源国。从长期来看，这也有可能对中国在亚洲的出口收入造成挑战。亚洲是世界农产品进口需求最旺盛的地区，中国在未来将面临更多来自其他国家的竞争。

表 3-2　中国向不同地区农产品出口的国内市场和世界市场份额

		1995 年		2001 年		2009 年		2018 年	
		国内市场份额	世界市场份额	国内市场份额	世界市场份额	国内市场份额	世界市场份额	国内市场份额	世界市场份额
大洋洲	总额	0.6	01.9	0.9	2.9	2.0	58.0	2.0	6.5
	关系数	4.8	3.2	4.8	3.3	5.5	4.2	5.2	4.2
非洲	总额	1.9	1.5	02.9	2.3	4.4	2.9	4.6	4.2
	关系数	6.5	1.6	7.9	2.0	15.2	4.1	14.4	3.9
美洲	总额	6.8	1.3	10.9	2.0	17.0	3.8	15.8	4.2
	关系数	12.6	1.8	14.7	2.3	14.8	3.3	15.4	3.6
欧洲	总额	16.5	0.9	15.7	1.1	20.4	1.5	16.4	1.8
	关系数	32.3	1.7	30.9	1.9	29.1	2.3	29.0	2.1
亚洲	总额	74.2	8.0	69.6	9.1	56.2	7.5	61.3	8.4
	关系数	43.8	4.5	41.7	4.2	35.4	4.5	36.0	3.9

数据来源：作者根据 CEPII-BACI 数据计算得到。

中国向各地区农产品出口关系的中断比例波动范围较大，1996 年中国向非洲农产品出口关系的中断率达到了 47.20%，而在 2017 年中国向欧洲的农产品出口关系中仅有 14.12% 将在次年中断。1995—2017 年间中国向非洲、美洲、大洋洲、亚洲和欧洲农产品出口关系中断比例的均值分别为 37.57%、23.54%、21.33%、20.80% 和 20.01%，非洲和美洲高于总体。从趋势来看，1995—2017 年间中国向欧洲和美洲农产品出口关系的中断比例逐渐下降，总体而言，中国向欧洲和美洲的出口总额和出口关系的数量也都保持了比较平稳的增长态势。作为对比，虽然中国向大洋洲的出口总额增速最快，但出口关系的中断比例始终较低。

中国向非洲农产品出口关系的中断比例始终最高，与其他地区的差距较大，并且经历了先下降后平稳的阶段。1995—2008 年间中国向非洲农产品出口关系的中断比例从 45.90% 逐渐下降到 36.61%，根据图 3-9 和前文分析，这一阶段也同时对应中国向非洲农产品出口关系总数快速发展的时期，但并未带来出口总额的同步高速增长，而出口关系的大量中断也许能为出口总额增长缓慢提供解释。此后，随着出口关系中断比例的逐渐稳定，出口总额增速也随之得以提高，2009—2018 年中国向非洲的农产品出口总额年均增长率为 11.18%，同期仅低于中国向亚洲农产品出口的增速，与美洲的相对差距也得以缩小。

中国向亚洲农产品出口关系的中断比例始终低于总体，1995—2008 年之间的平均中断比例为 21.79%，2009 年后则进一步降低至 19.24%。这可能是因为亚洲国家地处中国周边，运输成本等具有明显优势，且中国出口企业总体对亚洲市场有着较为充分的了解，自由贸易协定的发展也改善了经贸环境，使得企业维持贸易关系的能力进一步提升。2008 年之后，中国向亚洲农产品出口关系数量增长缓慢，但出口总额增速却在各地区中最高。与此同时，中国出口占亚洲进口关系数量的份额也在下降，而中国向亚洲出口总额占亚洲进口总额的比重却有所提升。可见，中国向亚洲农产品出口关系在总数未能大幅增长情况下出口收入仍然有较好的表现，而较低的出口关系中断比例则可能是背后的支撑因素之一。

（%）

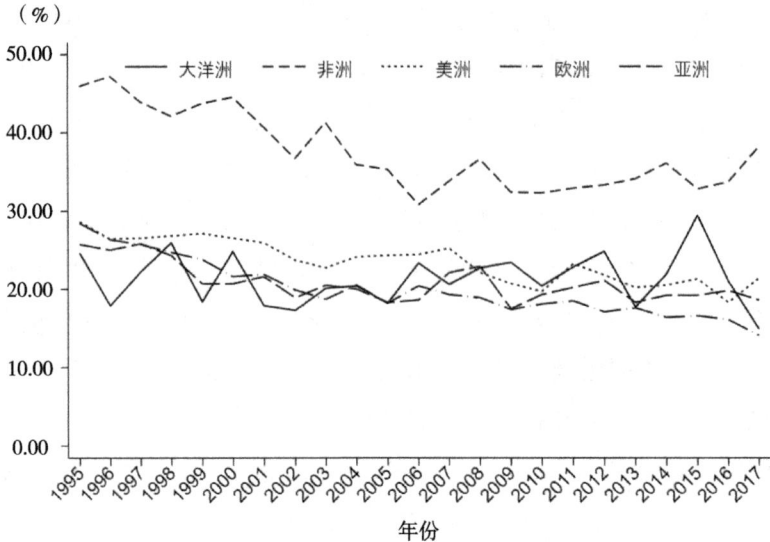

图3-9　中国农产品向不同地区农产出口关系中断比例

数据来源：作者根据 CEPII-BACI 数据计算得到。

3.6 本章小结

金融危机之后世界经济复苏缓慢，全球农产品贸易总体增速下降。在此背景下，中国农产品虽然保持了较高水平的增长，占世界农产品总出口的份额在 2009—2018 年间从 3.72% 增加到了 4.71%，但总体而言出口额增长已经呈现出明显的下滑趋势。此外，随着中国对世界贸易体制融入程度的不断加深，农产品出口受外部市场变动的影响也变大，出口收入和占世界比重的波动性都有所增加。

从出口关系数量来看，中国农产品出口关系的变动趋势与出口总额的增长趋势总体一致，1995—2018 年间的增长率达到了 5.83%，但其发展呈现出两个特点。第一，出口关系数量的增长速度小于出口额，2003—2018 年间的平均增长率比出口额低 11.92%。第二，在金融危机之后的增长情况不容乐观，总量增长几乎陷于停滞，2009—2018 年间年均增长率仅为 0.758%。尤其是，2009 年之后中国农产品出口关系数占世界总体的比例进入连续下滑区间，到 2018 年时已经降至 3.12%。在同期世界总体出口关系数量仍在保持稳定增长的背景下，中国农产品出口关系正处于收缩状态，这增加了后期发展的不稳定性和不确定性。为了对这一现象进行分析，考察各年中国农产品出口关系的中断比例，发现1995—2018年间平均每年约有20%的出口关系在第二年发生中断，这一方面说明中国农产品出口关系的延续性可能存在一定挑战，另一方面也为出口关系数量增长停滞和出口总额增速减缓提供了可能的解释。世界农产品贸易关系网络稳定扩张的大背景为中国农产品出口提供了广阔的机会，但目前中国农产品出口关系的增长已经落后，因此需要找到背后的变化规律。

不同类型农产品的关系变动规律呈现出分化趋势，畜产品、粮食出口额和出口关系表现都相对较差。蔬菜、水果和水产品优势产品的出口额增速有所下滑，但在世界同类产品中所占的出口额份额保持了增长，2009—2018年间分别增长了4.10%、1.77%和1.05%。一个值得警惕的现象是，三种优势产品的出口关系情况不容乐观，2008年以后的蔬菜、水果在世界同种产品中的出口关系总数的份额数下降了0.445%和0.508%，不但未能有效拉动增长反而超过了同期中国农产品的下降幅度。水产品的份额虽然累计增加了0.171%，但从2015年开始已经连续下降，到2018年已经跌至2012年以前的水平。

从不同出口地区来看，中国向各市场出口额的趋势与总体基本一致，而中国向各地区农产品出口关系数量在2008年之后同样经历了增速减缓的过程。从占对方总进口关系数的份额来看，中国在对方市场进口贸易关系网络的重要性呈现出下降趋势。此外，中国对非洲在出口关系高速增长的阶段并未实现出口额的同步增长，而对亚洲在出口关系增速放缓的阶段仍然保持了较好的出口表现。而通过对中断比例的分析可以发现，非洲的中断比例始终最高，对而亚洲的则较低，二者在1995—2017年间的平均中断比例分别为37.57%和21.33%。这说明出口关系的绝对数量并不能完全与出口总收入挂钩，而出口关系的中断情况可能更能体现出农产品在出口上的竞争力。

第四章 基于 Kaplan–Meier 法的中国农产品出口关系生存分析

第三章的研究结果表明中国农产品出口关系在各年均会发生大量中断，本章在此基础上进一步采用 Kaplan-Meier 方法对出口关系的持续时间基本特征进行全面研究，并对不同农产品和地区样本进行异质性分析。

4.1 数据描述

对数据的处理有两点需要指出。一是删失问题。删失（censoring）主要指在观察期内无法得知贸易关系开始或者中断的确切时间的情况。具体地，左删失（left censoring）情形存在于 1995 年已经开始的贸易段，由于受限于数据期限而无法获知其开始的具体时间，因此也就无法获知持续时间。而右删失（right censoring）是指对于 2018 年仍然生存的贸易关系，不能确定在后续继续生存的确切年数的情形。本书采用的 Kaplan-Meier 方法（以下简称 K–M 法）能够解决右删失的问题，但左删失的样本会引起总体估计的偏差，所以在处理时选择去掉左删失样本。在 1995—2018 年间的所有贸易段中左删失贸易段的占比为 8.49%，右删失占比为 19.88%，去掉左删失后样本中实际存在的观察值个数为 372108 个。

二是多贸易段问题。在研究贸易持续时间时，可能出现同一个"目的地—产品"组合中贸易段多次开始和中断的情形。Besedeš and Prusa（2006a）指出多个贸易段的情况不会改变贸易段的分布情况，可以视为独立的观察对象，这一做法也被后续的众多实证研究采用，因此本书也采取相同的方法进行处理。

在进行生存分析之前通过表 4-1 考察不同持续时间贸易段的数量分布，结果表明总体上持续时间越长的贸易段占样本总体的比重越小，而大部分出口关系贸易段的持续时间都较短。不包含左删失的样本总体中共有 121587 个贸易段，其中 67109 个贸易段持续时间为 1 年，而共有 96044 个出口关系不多于 3 年。虽然表 4-1 仅从数量上对样本进行了初步观察，但中国样本特征和 Besedeš and Prusa（2006a）所揭示的规律较为一致。

表 4-1　不同持续时间的贸易段占总数的比重

持续时间（年）	贸易段数（个）	占比（%）	持续时间（年）	贸易段数（个）	占比（%）
1	67109	0.552	13	930	0.008
2	19918	0.164	14	941	0.008
3	9017	0.074	15	808	0.007
4	5124	0.042	16	780	0.006
5	3412	0.028	17	679	0.006
6	2422	0.020	18	575	0.005
7	1932	0.016	19	600	0.005
8	1514	0.012	20	495	0.004
9	1263	0.010	21	380	0.003
10	1098	0.009	22	352	0.003
11	918	0.008	23	302	0.002
12	1018	0.008			

数据来源：作者根据 CEPII-BACI 数据计算得到。

表 4-1 中把所有贸易段的总体作为集合进行了分析，进一步在图 4-1 中考察持续时间分别为 1—3 年的贸易段在不同时间截面中的变动情况。在 2001 年所有处于生存状态的贸易段中，持续时间为 1 年的贸易段占比为 0.673%，持续时间为 2 年的出口关系占比为 0.192%，持续时间为 3 年贸易段占比为 0.067%，2001 年持续时间为 1—3 年的出口贸易段占比分别和表 4-1 中总体比重接近。随着年份的推移，持续时间为 1 年的贸易段

占比呈现出较小幅度的降低趋势，在 2017 年的占比为 0.566%。持续时间为 2 年和 3 年的贸易段占比则保持了较为稳定的水平，在 2017 年分别为 0.171% 和 0.068%。这一结果初步表明，在各个年份中贸易关系都存在大量的开始和中断，不同年份之间的变动比例呈现出较为稳定的特征，可见出口关系的持续时间的分布特征有着明显的规律性。

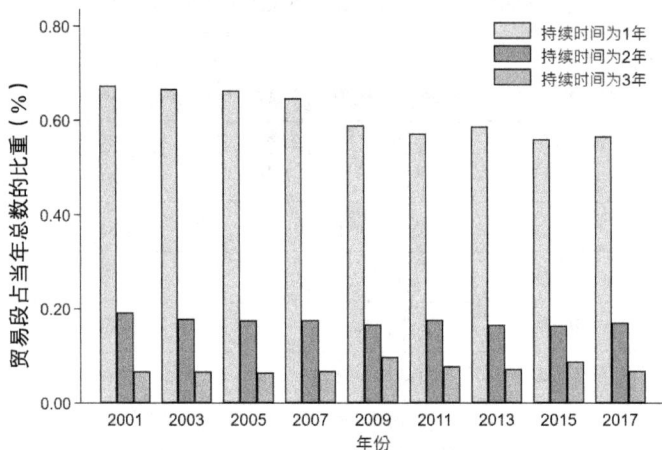

图 4-1　不同年份持续时间分别为 1—3 年的贸易段占比

数据来源：作者根据 CEPII-BACI 数据计算得到。

4.2 中国农产品出口的生存分析

采用生存分析中的 K–M 法来考察中国农产品出口关系的生存情况。令 T 代表中国某出口关系的生存时间，则 T 为以年为单位的离散变量，即 $T=1，2，\cdots j$。定义风险率 $h(j)$ 为贸易关系恰好在 j 年发生中断的概率：

$$h(j) = P(T = j | T \geq j)$$

定义生存率 $S(j)$ 为贸易关系生存时间大于 j 年的概率：

$$S(j) = P(T > j) = \prod_{k=1}^{j} [1 - h(k)]$$

令样本中存活至 k 年的贸易段数为 n_k，恰好第 k 年中断的贸易段数为 dk，则 $S(j)$ 的非参数估计值为：

$$\hat{S}(j) = \prod_{k=1}^{j} \frac{(n_k - d_k)}{n_k}$$

而风险率 $h(j)$ 的非参数估计值为：

$$\hat{h}(j) = \frac{d_j}{n_j}$$

表 4-2　中国农产品出口关系持续时间的基本情况

	观察值（个）	贸易段数（个）	均值（年）	中位数（年）	生存率			
					第 1 年	第 5 年	第 10 年	第 20 年
基准样本	372108	121587	3.060	1	0.488	0.195	0.136	0.103
HS4	185517	52889	3.508	1	0.518	0.229	0.169	0.135
HS2	53273	11206	4.754	2	0.589	0.310	0.249	0.213
仅有 1 段	82471	22935	3.596	1	0.417	0.231	0.197	0.169
首段	56875	29384	1.936	1	0.355	0.055	0.013	0.000
非首段	232762	69268	3.360	2	0.568	0.249	0.179	0.139
1 年间隔	371861	92261	4.031	2	0.554	0.281	0.198	0.143
2 年间隔	381207	78803	4.837	2	0.593	0.347	0.247	0.172

数据来源：作者根据 CEPII-BACI 数据计算得到。

基于 K-M 法，本部分中对不包含左删失的中国农产品出口关系持续时间的生存情况进行分析。表 4-2 中 1—4 列分别为样本中的观察值数、贸易段数、贸易段均值和中位数，5—8 列依次为基于 K-M 法估计的出口关系生存率。图 4-2 中则给出了 K-M 法估计出的生存率曲线。基准样本中共有 372108 个观察值，并形成了 121587 个出口贸易段。通过对样本生存情况的观察可以发现，总体上中国农产品出口关系持续时间较短，均值为 3.06 年，而中位数仅为 1 年。这说明在中国农产品出口样本中，传统贸易理论中所认为的贸易关系一旦建立就会长期持续的假定并不符合实际。此外，中国农产品出口关系生存率呈现负的时间依存性，随生存年限增加而严格下降，但下降的速度逐渐降低。第 1 年到第 5 年间，出口关系的生存率从 0.488 下降到 0.195，下降幅度高达 0.293；但从第 5 年到第 20 年间的下降幅度仅为 0.092。生存率变化呈现出"门槛效应"，出口关系在初期的不稳定性较强，但一旦存活时间超过最初 5 年左右则后期中断的概率就会大幅下降。

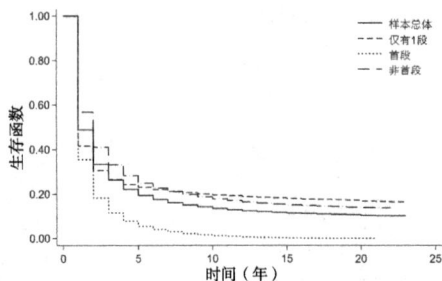

（a）样本总体生存率曲线

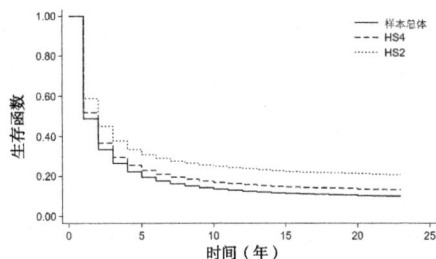

（b）生存率曲线对比：数据加总程度

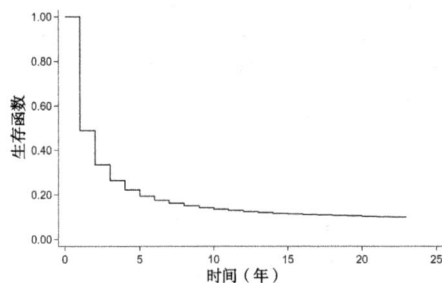

（c）生存率曲线对比：多贸易段

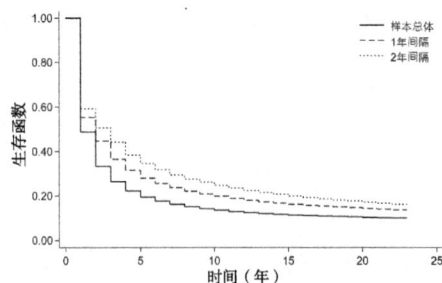

（d）生存率曲线对比：间隔调整

图 4-2　中国农产品出口关系的生存率曲线对比

数据来源：作者根据 CEPII-BACI 数据计算得到。

为了对基准样本中出口关系持续时间呈现出的分布特征进行对比验证，基于不同样本和不同处理方式进行 K–M 分析，首先对出口数据层级进行变换。基准样本中贸易数据为 HS6 分位，进一步以 HS4 分位和 HS2 分位层面数据进行对照。出口关系持续时间的测度结果对数据层级较为敏感，例如，在 HS2 分位层面上的第 7 章产品"食用蔬菜、根及块茎"中包含了"马铃薯，新鲜或冰鲜""番茄，新鲜或冰鲜"等 14 种不同目 HS4 分位产品，而只有全部 14 种 HS4 产品的出口关系均发生中断时才会在 HS2 分位层面记为中断，因此 HS2 分位层面的出口关系持续时间高于 HS4 分位层面，同理，HS6 分位层面的持续时间最短。这与从表 4-2 和图 4-2 中呈现出的结果一致，HS4 分位和 HS2 分位层面的出口关系生存率曲线始终位于基准样本上方，其中 HS2 分位层面的领先幅度较大。另外，HS4 分位和 HS2 分位样本的生存函数的走向与基准样本一致，出口关系生存率随持续时间增加而逐年下降且下降速度逐渐减缓。值得注意的是，HS4 分位、HS2 分位层面的持续时间分别为 3.508 年和 4.754 年，仅比 HS6 分位分别高 0.448 年和 1.694 年，可见出口数据加总程度的提高未能改变生存情况的基本特征，HS4 分位和 HS2 分位层面的农产品出口关系持续时间仍然较短。

除了数据加总程度，对于多贸易段的情况也予以考虑，分别考察基准样本中仅有 1 个贸易段、多贸易段中的首段、多贸易段中的非首段的生存情况。通过表 4-2 可以发现，从生存情况来看，仅有 1 段和多贸易段中非首段的出口关系持续时间与分别为 3.569 年和 3.360 年，与基准样本较为接近，而多贸易段中首段的持续时间较短，仅为 1.936 年。其原因可能在于，对于多次开始和中断的贸易关系而言，首个贸易段往往出于试错的目的（Rauch and Watson，2003），后期重新开始贸易关系时已经对于贸易关系有了更强的信心。从图 4-2（c）也可以看出，多贸易段中首段的生存率明显较低，而仅有 1 段和多贸易段中非首段的出口关系生存率始终与基准样本较为接近。总体来看，多个贸易段的情形并改变样本生存率的基本特征，多贸易段和仅有 1 段的出口关系生存率的主要趋势都与基准样本较为相似。

Fugazza and Molina（2016）指出，存在多个贸易段的情形下如果间隔时间较短仍有可能是数据遗漏导致的现象，即虽然没有贸易记录但实际上有贸易发生，这会造成对持续时间的低估。为了减弱这一效应，若同一"对象国—产品"组合中的两个贸易段之间只相隔1年则假定为数据遗漏，补全后对其前后两个贸易段进行合并处理。进一步，对于相隔2年以内的两个贸易段也进行类似处理。表4-2中的结果表明调整后的贸易段数比基准样本减少，而持续时间增加。1年和2年间隔调整的出口关系持续时间均值分别比基准样本高0.971年和1.777年，而中位数均为2年。需要指出的是，这一做法将明显高估持续时间。由于此种处理将所有间隔均视为遗漏，而实际情况中CEPII-BACI数据库对漏报情况进行了补齐并大幅提高了数据完善程度（Gaulier and Zignago，2010），因此大部分间隔较短的贸易关系持续时间仍然是准确的。然而即使在高估情形下，持续时间的均值仍然较短。从生存曲线特征来看，考虑间隔的生存率曲线趋势与基准样本也一致，其中2年间隔样本生存率相比基准样本的增幅更明显。

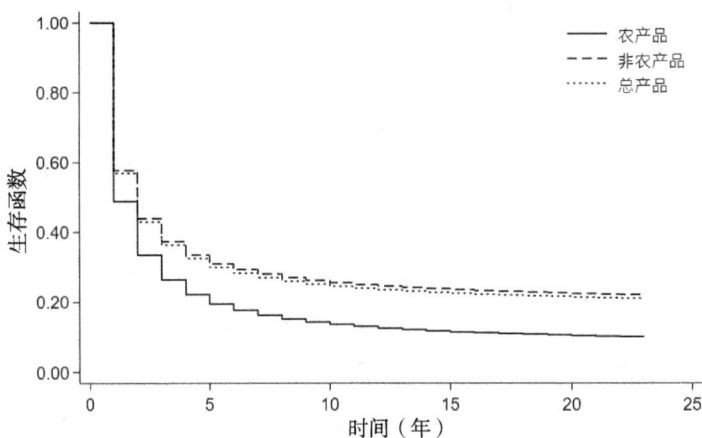

图4-3　中国农产品与其他产品出口关系生存率曲线的对比

数据来源：作者根据CEPII-BACI数据计算得到。

为了考察农产品的特殊性，在图4-3中进一步将中国农产品、非农产品和总产品出口关系的生存率曲线进行对比，可以发现中国非农产品和总产品出口关系生存率曲线的分布特征与农产品基本一致，生存率在前期迅速下降而在后期逐渐稳定。1995—2018 年间中国非农产品出口关系的持续时间均值为 4.577 年，比农产品均值高出 1.51 年。非农产品的出口时间的中位数为 2 年，也高于农产品。此外，非农产品出口关系的生存率曲线始终位于农产品上方，且差距较大。生存第 1 年时二者生存率差异为 0.089，到第 20 年时已经拉大到 0.121。可见，中国农产品出口关系的生存情况明显差于非农产品。另外，中国总体产品出口关系的生存率曲线略低于非农产品，但明显高于农产品，这可能是因为中国农产品出口总额和关系数都在总体中的占比较小。已有文献往往单独聚焦于单一大类产品的持续时间情况，而由于采用的数据和时间范围不同，难以在不同研究之间直接对比农产品与非农产品之间的差异，图 4-3 中的结果明确了中国农产品出口关系生存情况比非农产品面临着更大的挑战，这可能是因为农产品所面临的贸易成本要比非农成本要高。因此，本书将专注于探讨农产品，以期揭示中国农产品出口关系生存情况背后的规律。

4.3 中国不同农产品出口关系的持续时间

表 4-3　不同种类农产品出口关系的生存情况

	观察值（个）	贸易段数（个）	均值（年）	中位数（年）	生存率			
					第 1 年	第 5 年	第 10 年	第 20 年
蔬菜	54644	15865	3.444	1	0.519	0.223	0.163	0.133
水果	27324	8123	3.364	1	0.501	0.214	0.158	0.125
水产品	47451	15682	3.026	1	0.485	0.197	0.141	0.108
粮食	21850	8228	2.656	1	0.469	0.156	0.093	0.057
畜产品	28763	12614	2.280	1	0.416	0.122	0.065	0.036

数据来源：作者根据 CEPII-BACI 数据计算得到。

我国蔬菜的出口关系持续时间均值为 3.444 年，在五种农产品中最长，从图 4-4 中生存率曲线可以看出蔬菜在各年的生存率始终高于其他四种农产品，其中第 1 年和第 5 年的生存率分别为 0.519 和 0.223。中国地处温带且幅员辽阔，可种植的蔬菜种类众多且价格相对较低，因此在国际市场上具有较强的比较优势，在 2010 年以 13.33% 的蔬菜国际市场占有率成功超越荷兰以后中国在世界蔬菜出口国中一直稳居第一（刘耘等，2015）。从贸易额来看，在五种农产品中蔬菜的出口总额少于水产品位居第二，但出口总额增长速度却更高。从 1996 年的 22.750 亿美元到 2018 年的 147.131 亿美元，出口总额增加了 5.47 倍。此外，1996—2018 年间我国蔬菜出口的观察值总数为 54644 个，高于其他四种农产品。其中 2018 年处于存活状态的出口关系数为 4042 个，而蔬菜大类共包含 73 种 HS6 分位产品，因此在 2018 年平均每种 HS6 产品都出口至 55.37 个国家，明显高于其他四种农产品，说明我国蔬菜与全球更多的市场建立起贸易网络，这一方面得益于较高的比较优势，另一方面也表明蔬菜产品在国际市场中与其他国家有着较好的市场互补性。

水果的出口关系持续时间均值为 3.364 年，略低于蔬菜。图 4-4 中可以看出水果的出口关系生存率始终位居第二，与蔬菜的差距较小，第 5 年以后与蔬菜的生存率基本持平。水果和蔬菜均为劳动密集型产品，我国水果生产种类较全，2015 年其成为仅次于西班牙、美国之后的世界第三大水果出口国（彭世广和周应恒，2020）。我国水果的出口额低于水产品和蔬菜，但出口增长速度远超其他产品。1996—2018 年间我国水果出口额年均增速高达 12.22%，期间水果出口占我国农产品出口总额的份额也从 3.42% 增加到 8.78%。虽然出口额增长迅速，但从出口关系视角来看水果出口贸易活动的地理分布不如蔬菜广泛。样本中水果的贸易观察值个数为 27324 个，而水果大类包含的 HS6 分位产品种类数为 47 个。在 2018 年平均每种 HS6 分位水果产品出口至 40.978 个国家，低于蔬菜。通过对各年数据进行分析可以发现，蔬菜出口关系数量比较稳定，而水果出口关系数量的增速更高，这说明相比于蔬菜中国水果仍处于出口关系网络的快速扩张阶段，更多的出口关系在靠后的年份建立，在出口关系的前期进入和退出的状态变化比蔬菜更为活跃。此外，由于 2008 年以前我国水果的主要出口市场为美国、日本、荷兰等发达国家，2008 年金融危机以后则由于市场需求的调整开始转向以东南亚发展中国家为主（彭世广和周应恒，2020），这一出口市场的转换也可能是造成水果出口关系生存率略低于蔬菜的原因。

水产品出口关系持续时间均值为 3.026 年，在五种农产品中位居第三，各年的生存率也始终处于中间位置，但和水果的总体差距较小。中国有着长达 3.2 万公里的海岸线，发展水产业有着独特优势，2002 年以来中国就已经成为世界第一大水产品出口国，此后国际市场份额一直保持在 10% 以上，远高于其他国家。我国水产品在 1995—2018 年间的出口总额年均增长率高达 22.926%，且从 2001 年起水产品就已经成为我国出口额最大的农产品品类，2018 年水产品占我国农产品出口总额的比重达到了 26.117%。目前中国水产品虽然出口规模巨大，但出口主要依赖劳动密集型的初级品而非高附加值的深加工品，造成中国水产品总体出口比较优势不足，在世界主要出口国中排名靠后（韩丽娜，2014）。虽然近年来正在着力推进出口市场多元化，但我国水产品出口市场较为集中，超过 80% 的水产品出口额集中于 7 个国家（佟继英，2017）。从出口关系视角来看，2018 年平均每种 HS6 分位水产品的出口市场数为 28.754 个，远低于蔬菜和水果。此外，从细分产品看我国水产品出口结构呈现出一定的不稳定性，1995 年以来出口水产品种类呈现缓慢减少的趋势（刘成等，2017），加工型水产品的比重不断上升，这种产品结构的交替也可能引起出口关系整体生存率的变动。

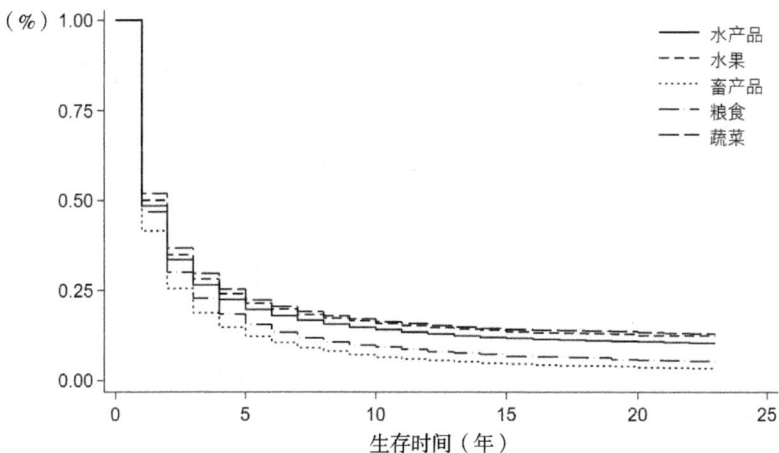

图 4-4 不同种类农产品出口关系的生存率曲线

数据来源：作者根据 CEPII-BACI 数据计算得到。

粮食产品的出口关系持续时间均值为 2.656 年，在五种农产品中仅高于畜产品，生存率曲线与排名靠前的蔬菜、水果和水产品差距明显，且生存率的差异随时间增加而扩大。粮食出口贸易在我国的农产品出口中所占比重较小，2018 年粮食仅占我国农产品出口总额的 2.88%。动态来看，我国粮食出口额并未呈现出类似蔬菜、水果和水产品的快速增长态势，反而始终在较低水平上呈现出一定波动性。原因在于，粮食属于典型的土地密集型农产品，而我国耕地资源紧张、产量有限且国内消费量巨大，每年能够供应国际市场的数额本身就较少。在"确保谷物基本自给、口粮绝对安全"的新粮食安全观思路下，在国内粮食产量高时政策支持出口，产量低时优先保障国内供应。我国粮食产品出口体现出较强的政策性，临时收储、价补分离和农业支持保护补贴等政策的实施对增加产量和稳定价格起到了显著作用（马翠萍，2017），但这些政策并不能改变我国粮食逆差跨越式增加的趋势。由于土地成本和人工成本的大幅提升，目前我国粮食总体出口价格明显高于其他主要出口国，这导致我国粮食产品的国际竞争力不断下降，出口关系抵御风险的能力也因此而逐渐下降。

畜产品出口关系持续时间均值为 2.280 年，低于其他四种农产品。畜产品生存率曲线也始终位于其他四种农产品的下方，但与粮食的生存率差距较小。和粮食类似，我国对于畜产品的生产条件并不优越。畜产品也属于土地密集型农产品，而目前国内大多以家庭为主体进行小规模生产，产品技术含量较低，往往难以达到发达国家的质量要求（胡梅梅和陈茹，2016）。从贸易额上来看，虽然畜产品出口总额高于粮食，但在 1995—2018 年间的平均增长率比仅为 4.49%，在五种农产品中排名最低。同时，畜产品出口增长率远低于进口，导致同期贸易逆差日渐扩大。贸易关系方面，2018 年每种 HS6 分位畜产品平均出口至 14.736 个国家，仍然在五种农产品中排名最后。从出口竞争力的角度来看，2002—2017 年间我国畜产品的国际市场占有率则始终低于 2.5%，显性比较优势（RCA 指数）从 0.47 下降至 0.13，始终小于 0.8，竞争优势指数（TC 指数）从 −0.05 下降至 −0.6（段亚琳等，2019），表明我国畜产品国际竞争力偏低且呈现不断下滑的趋势，而这种竞争力的缺失可能进一步导致畜产品出口关系的不稳定性增加。

通过对不同种类农产品的分析可以发现，出口关系生存情况并不仅仅与出口规模或国际竞争力等某一因素完全匹配。例如，基于 CEPII-BACI 数据，水产品的出口规模远大于蔬菜但出口关系持续时间更短，水果的总体国际竞争力低于水产品但出口关系更为稳定。但不同种类间农产品出口关系持续时间的生存情况差异仍然有迹可循。从总体上来看，五种农产品可以分为两大类。第一类包括蔬菜、水果和水产品，三种农产品在我国农产品出口中的出口总额体量和增速都较高，同时也是农产品贸易顺差的主要来源，且都属于劳动密集型产品，在国际市场上的竞争力更高，在出口关系上表现出了较长的持续时间和较高的生存率。第二类为畜产品和粮食产品，虽然这两种产品总体上也实现了出口总额的增长，但增长速度过慢且贸易逆差趋势明显，产品国际竞争力不断下滑，这也导致了较短的持续时间和较低的生存率。

表 4-4 各产品主要出口国和地区的持续时间对比

产品	国家和地区	观察值（个）	均值（年）	中位数（个）	产品	国家和地区	观察值（个）	均值（年）	中位数（个）
蔬菜	波兰	31480	4.099	2	粮食	汤加	149	3.634	1
	奥地利	25270	3.772	2		奥地利	9738	3.420	1
	南非	33405	3.618	1		俄罗斯	12965	3.315	1
	西班牙	52937	3.404	2		德国	22640	3.242	1
	荷兰	56036	3.400	2		塞尔维亚	3519	3.128	1
	中国	54644	3.444	1		中国	21850	2.656	1
水果	波兰	17312	3.899	2	畜产品	波兰	45663	3.864	2
	南非	29548	3.872	1		奥地利	30658	3.267	1
	西班牙	28199	3.570	2		德国	70629	3.209	1
	立陶宛	6948	3.527	1		荷兰	71902	3.160	1
	德国	21973	3.497	1		西班牙	53337	3.153	1
	中国	27324	3.364	1		中国	28763	2.280	1

产品	国家和地区	观察值（个）	均值（年）	中位数（个）	产品	国家和地区	观察值（个）	均值（年）	中位数（个）
水产品	西班牙	52799	3.108	1					
	德国	48765	3.095	1					
	越南	29783	3.080	1					
	法属南部领地	86	3.071	1					
	瑞典	20793	3.059	1					
	中国	47451	3.026	1					

数据来源：作者根据 CEPII-BACI 数据计算得到。

需要指出的是，不同种类之间的出口关系持续时间可能存在固有差异，因此可以进一步考虑与其他国家同种产品的出口关系持续时间进行对比。本书计算了世界各国分别对于五种农产品的出口关系持续时间情况，并将除了中国以外出口关系持续时间均值前五的国家列于表4-4。可以发现，国际市场上不同农产品之间的出口关系持续时间均值范围的确存在一定差异，蔬菜出口生存情况最好的波兰持续时间均值为4.099年，而各国间水产品出口关系持续时间均值仅为3.011年。从各国的出口关系持续时间来看，蔬菜、水果和水产品的持续时间均值高于粮食和畜产品，但总体差距不大。其次，我国蔬菜、水果、水产品出口关系的持续时间均值在世界各国中的排名分别为第4、第10和第7，而粮食和畜产品的排名则分别仅为第36和第64，说明前三种产品出口关系的持续性要优于粮食和畜产品，这与表4-3的结论一致。

4.3 中国农产品对不同市场的出口关系持续时间

表 4-5　中国农产品对不同地区的出口关系持续时间

	观察值（个）	贸易段数（个）	均值（年）	中位数	生存率			
					第 1 年	第 5 年	第 10 年	第 20 年
欧洲	102979	30081	3.423	1	0.520	0.227	0.165	0.130
亚洲	128259	40463	3.170	1	0.507	0.202	0.142	0.108
大洋洲	18708	6095	3.069	1	0.480	0.189	0.138	0.088
美洲	55863	18342	3.046	1	0.483	0.199	0.140	0.106
非洲	59357	24503	2.422	1	0.429	0.141	0.088	0.066

数据来源：作者根据 CEPII-BACI 数据计算得到。

　　中国向欧洲出口农产品的持续时间均值为 3.423 年，在五个地区中最高，且生存函数在各个年份也始终高于其他四个地区。中国和欧洲农业资源禀赋差异较大，中国土地资源紧张且农业生产技术水平较低，而欧洲科技水平较高但劳动力相对不足。中国和欧洲农产品出口具备比较优势的产品分布也具有较大差异，双方向世界出口的产品结构相似性较低且呈现出下降的趋势（孙致陆和李先德，2015）。从中欧双方贸易的角度，中国农产品出口和欧洲进口的产品结构互补性较强且仍在进一步增强。在这种互补性的作用下，中国向欧洲农产品出口表现出了稳定的增长态势。基于 CEPII-BACI 的数据，1995—2018 年间中国向欧洲农产品出口额的年均增长率为 8.03%，占农产品出口的份额基本维持在 18% 左右。从出口关系来看，中国在各年的出口关系数量比较稳定，1995 年中国向欧洲出口产品种类数已经高达 580 种，仅次于中国周边的亚洲地区。可见，中国与双方农产品较高互补性的推动下，中国同欧洲的出口关系在早期已经形成较广泛的网络布局，并在长期的互惠互利中实现了更高的出口关系稳定性。

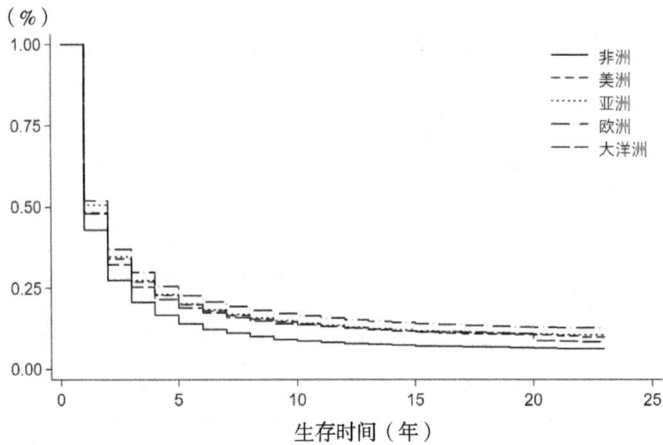

图 4-5 中国农产品对不同地区出口关系的生存率曲线

数据来源：作者根据 CEPII-BACI 数据计算得到。

中国向亚洲、大洋洲和美洲农产品出口关系持续时间的均值较为接近，分别为3.170年、3.069年和3.046年，向三个地区出口关系生存率的差距也较小。亚洲是中国农产品最主要的出口市场，在五个地区中的出口额始终稳居第一。中国在亚洲的主要出口对象为东盟、日本和韩国，中国出口和东盟进口的产品结构互补性较低，且中国农产品比较优势相对东盟更低。中国和日韩的互补性更高，但同时也要面临亚洲其他国家的竞争。从地理上的邻近性看，与欧洲类似，中国在早期便和周围的国家建立起广泛的出口网络，并在后期实现了较为稳定的增长。虽然中国向亚洲出口关系总数在五个地区中最多，但增长速度却最低，更多具有市场拓展能力的出口关系将转移到距离更远但互利性更强的区域。相比亚洲，中国和美洲以及大洋洲的农业资源禀赋有着更好的互补性，1995—2018年间中国向美洲和大洋洲的出口额始终排在第三位和第五位，而增长速度则明显高于亚洲，其中大洋洲增长速度在五个地区中最高。此外美洲和大洋洲出口关系数量少于亚洲，但增速明显更高，与出口额趋势一致。这说明得益于双方的互补性，中国和美洲和大洋洲之间快速增长的出口关系可以更好地存活下来并实现了出口额的增长。

非洲在各个地区中的出口关系持续时间最短，均值仅为2.422年。从出口关系持续时间均值来看，非洲同其他地区存在巨大差距，比排名第四的美洲持续时间均值短 0.624 年，而美洲比最高的欧洲仅短 0.377 年。此外，中国向非洲出口关系的生存率也始终远远低于其他四个地区。非洲具有丰富的土地和劳动力资源但农业生产技术水平较低，农业资源禀赋和中国具有一定差异性。近年来中非农产品贸易也实现了较快的增长，1995—2018 年间的平均增长率为 12.88%。但作为世界最主要的缺粮地区，非洲主要进口的粮食和油料并非中国主要出口的农产品种类，进口产品结构与中国农产品的出口结构互补性较差，而且中非不同农产品出口的竞争优势趋同性明显，不利于双边农产品贸易未来的发展（杨军等，2012；杨军等，2019）。但值得注意的是，中国向非洲出口额和出口关系数量呈现出明显的不匹配性。中国向非洲的农产品出口额远远小于美洲且差距不断被拉大，在 2018 年时中国向美洲的出口额已经达到非洲的 3.408 倍，农业领域始终是中非合作的重要方面，2000年以来双方建立起了中非合作论坛的定期机制，中国通过一系列援助、投资和规划等措施加强了与非洲的农产品贸易合作。从出口关系的变动情况来看，多种贸易促进措施虽然推动中国与非洲在一定时期内建立起大量出口贸易关系，但由于双边农产品互补性不足，加上非洲各国情况复杂、贸易便利化水平不高等多种原因，许多出口关系并没有在后期存活下来，因而表现出较强的不稳定性。

表 4–6 中国向主要国家（地区）农产品出口关系的持续时间

国家和地区	出口额		出口关系		国家和地区	出口额		出口关系	
	占比 %	排名	均值	中位数		占比 %	排名	均值	中位数
新西兰	0.31	42	4.370	2	新加坡	1.23	18	3.989	2
俄罗斯	2.71	9	4.315	2	美国	10.62	3	3.980	2
乌克兰	0.24	47	4.251	2	中国香港	12.18	2	3.946	2
泰国	3.70	6	4.177	2	波兰	0.50	30	3.933	2
加拿大	1.61	14	4.168	2	立陶宛	0.05	96	3.904	1
法属波利尼西亚	0.01	163	4.134	2	马来西亚	3.01	8	3.901	2
以色列	0.27	44	4.072	1	白俄罗斯	0.13	62	3.845	2
英国	1.52	16	4.021	2	南非	0.47	32	3.832	1
越南	6.78	4	4.012	2	澳大利亚	1.40	17	3.825	2
韩国	6.12	5	3.997	2	墨西哥	1.09	19	3.800	2

数据来源：作者根据 CEPII-BACI 数据计算得到。

通过对中国向各个国家（地区）的出口关系持续时间进行分析可以发现，首先，中国向不同国家（地区）间农产品出口关系持续时间均值差异较大，总体均值为 3.06 年，而持续时间最长的新西兰达到 4.37 年，共 36 个国家（地区）的出口持续时间高于 3.5 年，同时 127 个国家低于均值，84 个国家（地区）均值少于 2.5 年，最低的仅为 1 年。其次，在持续时间排名前 20 的国家（地区）中有 12 个在 2018 年也属于中国前 20 名出口对象，说明中国向这些国家（地区）的出口关系稳定性与出口规模较为匹配。但需要注意的是，中国对个别主要出口对象国（地区）的持续时间偏低。日本是中国第一大农产品出口对象国，但中国向日本农产品出口关系的持续时间均值仅为 3.444 年，在所有国家（地区）中排第 40 位。类似地，中国向第七大出口国印度尼西亚的出口关系持续时间为 3.564 年，在所有国家（地区）中排名第 33。其原因可能在于，日本和印度尼西亚和中国同属亚洲国家，在进口农产品时除了中国以外还有其他多个亚洲国家（地区）可以作为替代，这种竞争效应可能削弱出口关系的持续性。此外，一些国家（地区）与中国之间出口贸易规模较小但出口关系持续时间较长，比如法属波利尼西亚在 2018 年仅占中国出口份额的 0.01%，但出口持续时间均值却高达 4.134 年，在所有国家中排名第 6。这是因为中国向其出口关系数量较少，2018 年中国仅向法属波利尼西亚出口了 28 种 HS6 分位产品，但这少量产品关系的稳定性却较强。决定出口关系持续时间的决定因素比较复杂，本部分通过 K–M 法进行了初步分析，但仍有待后续部分的深入研究。

4.4 本章小结

本章主要采用 K–M 法来考察中国农产品出口关系的生存情况。

首先，通过描述性统计的方法对我国农产品出口关系贸易段的数量分布进行初步分析，发现大部分出口关系贸易段的持续时间都较短，持续时间越长的贸易段占样本总体的比重越小。进一步考察持续时间分别为 1—3 年的贸易段在不同时间截面中的变动情况，不同年份之间的变动比例呈现出较为稳定的特征，可见出口关系的持续时间的分布特征有着明显的规律性。

进一步，采用 K–M 法来考察中国农产品出口关系的总体生存情况，结果表明：总体上中国农产品出口关系持续时间较短，均值为 3.06 年，而中位数仅为 1 年。出口关系生存率呈现负的时间依存性，随生存年限增加而严格下降，但下降的速度逐渐降低。

通过对五种典型农产品的深入分析，发现我国蔬菜、水果、水产品的出口关系生存情况比粮食和畜产品更好，且蔬菜、水果和水产品在与其他国家同类产品出口关系持续时间的对比中也表现更为优异。总体而言，从产品间差异来看出口关系生存情况与出口规模有一定相关性，此外也可能与资源禀赋、产品竞争力、出口关系网络的发展阶段等相关。

通过对不同市场的分析发现，中国向欧洲出口关系生存情况最好，非洲最差，亚洲、大洋洲和美洲较为接近。从对单个市场的分析来看，中国向不同国家（地区）出口农产品生存情况的国家间差异较大，而对日本、印度尼西亚等主要出口国的出口关系均值相对较短。总体来看，中国对不同国家（地区）农产品出口关系持续情况的差异性则可能与资源和市场的互补性、地理位置等因素相关。

第五章　中国农产品出口关系持续时间
的影响因素

第四章对中国农产品出口关系持续时间的基本特征进行了全面考察，并通过分组对比将不同样本出口关系的生存情况与产品和市场的具体特征相结合进行了分析，本章在此基础上通过回归分析的方法对中国农产品出口关系持续时间在国家和产品层面影响因素进行了研究。由于FTA已经成为我国对外开放最重要的战略之一，并且已有研究中对这一因素的分析仍然有所不足，本章进一步对FTA影响出口关系持续时间的机制进行了深入全面分析。

5.1 国家和产品层面的影响因素

5.1.1 数据和方法

1. 样本和数据

本书采用1996—2018年间中国向163个国家和地区的HS6分位农产品出口数据进行分析，数据来源为CEPII-BACI数据库。根据CEPII-BACI数据，1996—2018年间中国向样本中163个国家和地区农产品出口额占向世界出口总额的95.76%。对数据的处理有两点需要指出。（1）多贸易段的情况。在同一个"目的地—产品"组合中可能会出现贸易段多次开始和中断的情形，Besedeš and Prusa（2006a）指出这并不会影响生存时间的分布情况。与主要已有研究一致，本书将同一贸易关系中的多个贸易段视为相互独立。（2）删失问题。K-M分析无法解决左删失的问题，但可以处理右删失问题，因此本书对左删失数据样本予以删除。最终样本中含有

323971 个观察值和 83987 个贸易段。

2. 模型设定

本书采用离散型方法来研究中国农产品出口关系持续时间的影响因素，设定如下：

设样本中共有 n 个贸易段，用 T_i 表示对于某个贸易段 i（$i=1, 2,\cdots, n$）的生存时间，在离散模型中需要观察其在第 k（$k=1, 2,\cdots, k_{max}$）年的生存情况，风险率定义为：

$$h_{ik} = P(T_i = k | T_i \geq k) \tag{5-1}$$

引入二元变量 yik，若贸易段 i 恰好在第 k 年中断则取值为 1，否则取 0。进一步，可得到样本总体的对数似然函数（Jenkins，1995）：

$$\ln L = \sum_{i=1}^{n} \sum_{k=1}^{k^{max}} [y_{ik} \ln(h_{ik}) + (1 - y_{ik}) \ln(1 - h_{ik})] \tag{5-2}$$

根据上述设定，h_{ik} 实质上即为 $y_{ik}=1$ 的概率，即有 $0 \leq h_{ik} \leq 1$。基于离散模型的设定，令：

$$h_{ik} = F(\alpha + v_i + \beta X + \varepsilon_{ij}) \tag{5-3}$$

其中 F(.) 为分布函数，当 F(.) 取 Logistic、正态和极值分布时，分别对应 Logit 模型、Probit 模型和 Cloglog 模型。参考 Hess and Persson（2012），本书在基准回归中采用随机效应 Logit 模型，并将 Probit 模型和 Cloglog 模型作为稳健性检验。对公式（5-3）进行 Logit 变换可得：

$$\text{Logit}(h_{ik}) = \ln(\frac{h_{ik}}{1-h_{ik}}) = \alpha + v_i + \beta X + \varepsilon_{ik} \tag{5-4}$$

其中 α 为常数项；X 解释变量的集合，β 为相应的系数；v_i 和 ε_{ik} 为服从正态分布的误差项。

3. 变量选择

在国家层面，地理距离（ln Dist）和是否接壤（Contig）反映了贸易运输成本，距离更近、相互接壤的两国间贸易关系持续的概率往往更高。拥有共同语言（Comlang）和非内陆（Landlocked）的国家间沟通和交易成本更低，贸易关系也更容易维持。地理距离（ln Dist）、接壤（Contig）、共同语言（Comlang）、内陆（Landlocked）数据来源为 CEPII 引力数据库。其中，接壤（Contig）和共同语言（Comlang）为虚拟变量，当中国与出口对象国接壤或有共同官方语言时取 1，否则为 0。地理距离（ln Dist）的单位为千米。出口对象国的经济规模（ln GDP）越大意味着其市场容量较大，国内购买者数量也更多，建立和维持贸易关系的可能性也就越高。人均收入差异（ln GDPdif）由人均 GDP 之差的绝对值反映。根据林德的"重叠需求理论"，贸易双方的人均收入水平越接近则重叠的需求范围越大，贸易基础更为深厚，因此差异过大不利于双边贸易关系的维持。经济规模（ln GDP）和人均收入差异（ln GDPdif）数据来源为世界银行 WDI 数据库，以 2010 年不变价计，单位为美元。采用美国传统基金会提供的经济自由度指数（Index of Economic Freedom，EFree）来代表双边固定贸易成本，该指数反映了出口对象国在投资、商业等方面的自由程度，数值越高则固定成本越低，贸易关系也就更容易持续。汇率变化率（Exchange_Rate）为中国对对象国双边汇率的变化率，采用间接标价法，其数值增大代表人民币相对该国货币升值，数据来源于 National Accounts Main Aggregates Database。原始数据为当年一国对美元的汇率，转换成和中国的双边汇率后可进一步计算得到双边汇率变化率。双边汇率的增加会减弱中国出口的竞争力，因此对出口持续时间有负面影响。

产品层面的相关变量均基于 CEPII-BACI 的原始数据计算得出。其中，单价（ln UV）为贸易额与贸易量之比，单位为千美元 / 吨。单价越高则国际市场上的不确定性越高，贸易关系中断风险也就越高。初始额（ln IV）为贸易段首年的贸易额，单位为千美元。贸易历史（History）为虚拟变量，如果两国之间在当前贸易段之前曾经有过对于此产品的贸易段则取值为 1，否则为 0。更高的初始额和已有的贸易经验往往有助于贸易关系的延续。显性比较优势（RCA）体现了出口国对于该产品的竞争力，其值越高则在国际市场上就更有优势，从市场上消失的风险也就越小。其计算公式为：$RCA = (x_{ipt} / å_p \, x_{ipt}) / (å_i \, x_{ipt} / å_på_i \, x_{ipt})$，其中 i 代表出口国，p 代表特定 HS6 分位产品，t 代表年份，x_{ipt} 代表 i 国 p 产品在 t 年对世界的出口额。市场份额（Share）为对象国对某种产品从中国进口额占从世界进口的比重，数值越高则出口国重要性越高。对于特定 HS6 分位产品，进出口双方的总供给和总需求分别由出口国向世界的出口总额（ln TE）和进口国从世界的进口总额（ln TI）表示，单位均为千美元。更高的市场份额、更大的供给和需求都有助于贸易关系的延续。

表 5-1 变量的描述性统计

变量	观察值（个）	均值（年）	标准差	最小值	最大值
ln Dist	323971	8.9	0.55	7.06	9.86
landlocked	323971	0.13	0.33	0	1
Contig	323971	0.09	0.29	0	1
Comlang	323971	0.04	0.19	0	1
ln GDP	323372	25.54	2	18.69	30.51
ln GDPdif	323372	8.77	1.57	1.02	11.39
ln EFree	317531	4.14	0.17	2.75	4.5
ln ExrRate	320365	0.04	0.22	-0.48	12.87
ln UV	323971	0.85	1.42	-9.08	12.67
ln IV	323971	2.66	1.68	0	12.08
History	323971	0.62	0.49	0	1
RCA	323971	0.98	1.43	0	7.45
Share	323971	0.15	0.26	0	1
ln TE	323971	10.21	2.2	0	15.24
ln TI	323971	7.23	2.48	0	15.55

5.1.2 实证检验

1. 初步分析

在实证回归之前，基于各变量的取值大小将样本分为两组。具体地，对于连续型变量，根据其贸易段内各年的平均数进行分组，如果某数值高于样本中的总均值则归为高于均值组，反之则归于低于均值组，对于二元变量则直接根据取值进行分组，以此初步判断各自变量取值高低对出口关系持续时间的影响。

通过表 5-2 中国家层面变量的分析可以发现，连续变量方面，中国向距离更远和汇率波动幅度更大国家和地区的农产品出口关系持续时间更短，高于均值组和低于均值组的贸易段持续时间差异分别为 -0.403 年和 -0.464 年。同时，中国向经济规模更大、经济自由度更高国家和地区的出口关系持续时间更短，组间差异分别为 0.752 年和 0.457 年，与预期较为一致，但与中国人均 GDP 差异越大的国家和地区出口持续时间均值更长，组间差异为 0.481 年。在二元变量中，中国向非内陆、接壤、有共同语言的国家和地区出口持续时间更长，且有共同语言变量的组间差值最大。

表 5-2　基于国家层面变量分组的贸易段持续时间均值对比

变量	高于均值	低于均值	差值	变量	值为 1	值为 0	差值
ln Dist	2.830	3.233	−0.403	Landlocked	2.624	3.138	−0.514
ln GDP	3.681	2.929	0.752	Contig	3.427	3.031	0.396
ln GDPdif	3.388	2.907	0.481	Comlang	3.852	3.039	0.814
ln EFree	3.290	2.833	0.457				
ln ExrRate	2.751	3.215	−0.464				

根据表 5-3 的结果，在产品层面变量分组中初始值更大、产品竞争力优势更强、占进口方比重更大、进出口总额更高、有以往贸易历史的组出口持续时间均值更长，而单位价值更高的贸易段出口贸易持续时间更短。在二元变量方面，此前有过贸易历史的贸易段比未有过贸易历史的贸易段持续时间平均长 0.632 年。总体而言，基于变量取值分组的贸易段持续时间对比结果与预期一致，但各个变量对中国农产品出口贸易持续时间的具体影响需要进行进一步实证回归分析。

表5-3 基于产品层面变量分组的贸易段持续时间均值对比

变量	高于均值	低于均值	差值	变量	1	0	差值
ln UV	2.853	3.077	−0.224	History	3.336	2.704	0.632
ln IV	4.120	2.942	1.178				
RCA	3.857	2.772	1.084				
Share	3.445	2.934	0.511				
ln TE	4.467	2.667	1.800				
ln TI	4.287	2.874	1.413				

2. 基准回归结果

表5-4中，采用基于离散时间的生存分析法进行验证。其中前两列仅包含国家层面的变量，后两列中进一步加入产品层面的变量。在（2）列和（4）列中加入了地区、产品和年份的虚拟变量。其中，地区虚拟变量的设定基于CEPII引力数据库中对于地区的划分，将样本中的163个出口目的地分为非洲、美洲、亚洲、欧洲和大洋洲5个地区，并据此设置虚拟变量组；类似地，产品虚拟变量的设定基于HS2分位分类，时间上则针对不同年份设定了虚拟变量。

为了检验模型选择的合理性，在结果表格中报告了rho统计量，其含义为由不可观测异质性引起的方差占混合误差项总方差的比例。结果表明，样本总方差中38.5%以上由不可观测的异质性引起，这说明对于中国农产品出口样本而言，相比于无法控制不可观测异质性的COX模型，本书选择的离散模型更为合理。进一步，随着核心解释变量的逐渐加入，AIC（Akaike Information Criterion）和BIC（Bayesian Information Criterion）统计量数值都逐渐减小，说明本书FTA相关的变量对于中国农产品出口持续时间具有较强的解释力。控制变量方面，各列中显著性和方向均与预期一致。从结果可以看出，各变量的显著性与符号都与预期相符，并且在各列间都表现出较好的稳定性。随着产品层面变量和控制变量组的加入，AIC和BIC的数值变小。

表 5-4 中国农产品出口关系持续时间的影响因素：国家和产品层面

	（1）	（2）	（3）	（4）
ln Dist	0.079***	0.244***	0.166***	0.320***
	(0.021)	(0.036)	(0.020)	(0.034)
landlocked	0.200***	0.303***	0.190***	0.160***
	(0.028)	(0.029)	(0.027)	(0.028)
Contig	−0.268***	−0.222***	−0.186***	−0.158***
	(0.041)	(0.042)	(0.039)	(0.039)
Comlang	−0.102*	−0.552***	−0.467***	−0.697***
	(0.061)	(0.063)	(0.058)	(0.058)
ln GDP	−0.200***	−0.216***	−0.126***	−0.134***
	(0.005)	(0.006)	(0.006)	(0.006)
ln GDPdif	−0.042***	0.037***	0.021***	0.038***
	(0.006)	(0.007)	(0.006)	(0.006)
ln EFree	−0.825***	−0.514***	−0.945***	−0.792***
	(0.059)	(0.062)	(0.058)	(0.060)
ln ExrRate	0.195***	0.136***	0.166***	0.112***
	(0.023)	(0.022)	(0.022)	(0.023)
ln UV			0.030***	0.040***
			(0.005)	(0.006)
ln IV			−0.118***	−0.152***
			(0.005)	(0.005)
History			−0.894***	−0.694***
			(0.014)	(0.016)
RCA			−0.022***	−0.076***
			(0.007)	(0.008)

续表

	（1）	（2）	（3）	（4）
Share			−0.926***	−0.980***
			(0.032)	(0.033)
ln TE			−0.309***	−0.287***
			(0.004)	(0.005)
ln TI			−0.196***	−0.225***
			(0.005)	(0.005)
Constant	7.619***	3.499***	10.108***	6.698***
	(0.322)	(0.452)	(0.322)	(0.439)
Region	No	Yes	No	Yes
Product	No	Yes	No	Yes
Year	No	Yes	No	Yes
Observations	313343	294144	313343	294144
loglikelyhood	−159114	−147998	−147239	−139827
rho	0.453	0.445	0.405	0.385
AIC	318249	296136	294512	279808
BIC	318355	296878	294693	280624

注：***、**、*分别表示参数的估计值在1%、5%、10%的水平上显著；括号内数值为标准差。

3. 稳健性检验

为了检验基准回归结果的稳健性，首先对于不包含左删失的样本采用Probit和Cloglog两种不同的方法估计，见表5-5第（1）列和第（2）列，并进一步以相同的Logit方法对包含左删失的样本进行分析，见表5-5第（3）列。结果表明，3个核心解释变量的显著性和符号与基准回归一致。

表 5-5 基于不同样本和方法的稳健性检验

	（1）	（2）	（3）
ln Dist	0.180***	0.249***	0.663***
	(0.019)	(0.026)	(0.032)
landlocked	0.093***	0.113***	0.122***
	(0.016)	(0.021)	(0.028)
Contig	−0.091***	−0.119***	−0.065*
	(0.023)	(0.030)	(0.039)
Comlang	−0.396***	−0.537***	−1.185***
	(0.033)	(0.045)	(0.053)
ln GDP	−0.077***	−0.102***	−0.210***
	(0.003)	(0.005)	(0.006)
ln GDPdif	0.022***	0.030***	0.009
	(0.004)	(0.005)	(0.006)
ln EFree	−0.455***	−0.593***	−1.054***
	(0.034)	(0.045)	(0.059)
ln ExrRate	0.064***	0.084***	0.121***
	(0.013)	(0.016)	(0.021)
ln UV	0.023***	0.032***	0.045***
	(0.003)	(0.004)	(0.005)
ln IV	−0.085***	−0.120***	−0.221***
	(0.003)	(0.004)	(0.005)
History	−0.401***	−0.508***	−0.572***
	(0.009)	(0.012)	(0.016)
RCA	−0.044***	−0.059***	−0.087***
	(0.005)	(0.006)	(0.006)

续表

	（1）	（2）	（3）
Share	−0.571***	−0.710***	−1.152***
	(0.019)	(0.025)	(0.032)
ln TE	−0.165***	−0.211***	−0.344***
	(0.003)	(0.004)	(0.005)
ln TI	−0.130***	−0.168***	−0.259***
	(0.003)	(0.004)	(0.005)
Constant	3.891***	4.373***	7.536***
	(0.252)	(0.334)	(0.438)
Region	Yes	Yes	Yes
Product	Yes	Yes	Yes
Year	Yes	Yes	Yes
Observations	294144	294144	408458
loglikelyhood	−139587	−140843	−158156
rho	0.406	0.424	0.423
AIC	279329	281840	316468
BIC	280144	282656	317320

注：***、**、* 分别表示参数的估计值在 1%、5%、10% 的水平上显著；括号内数值为标准差。

5.2　FTA 对持续时间的影响

5.2.1　FTA 战略下中国农产品出口的基本情况

多哈回合贸易谈判陷入停滞以来，代表传统贸易规则的 WTO 越来越难以满足各成员国在新贸易格局下的诉求，区域贸易协定（Regional Trade Agreement，RTA）逐渐成为"新规则"谈判的主要平台（高疆和盛斌，

2018）。根据 WTO 统计，截至 2001 年 WTO 累计受理的 RTA 通报总数为 290 个，其中正式生效 207 个；而 2001—2018 年间新增的 RTA 通报数量已经达到 393 个，其中正式生效 262 个。随着 RTA 生效数目的增加，成员国内部的贸易也迅速扩张，1999 年各 RTA 成员国内部的贸易额占世界总额的比重为 21.4%，到 2013 年已经达到了 37.3%。

新世纪以来中国的 FTA 战略发展可以大致可以分为三个阶段。第一阶段为 2000—2006 年。2001 年成功入世后，"十五"规划中首次提出积极参与国际区域经济合作，并立足周边开始对 FTA 建设的初步探索。第二阶段为 2007—2013 年。2007 年党的十七大提出"实施自由贸易区战略"，首次将 FTA 提升到国家战略层面。2012 年党的十八大进一步提出"要加快实施自由贸易区战略"，中国 FTA 战略进入了加速发展阶段，而十八届三中全会也进一步提出"形成面向全球的高标准自由贸易区网络"。第三阶段为 2014 年至今，2014 年在中共中央政治局第十九次集体学习中，习近平总书记要求"加快实施自由贸易区战略"。2015 年 12 月国务院发布《关于加快实施自由贸易区战略的若干意见》，中国 FTA 建设开启了全面推进的新阶段。

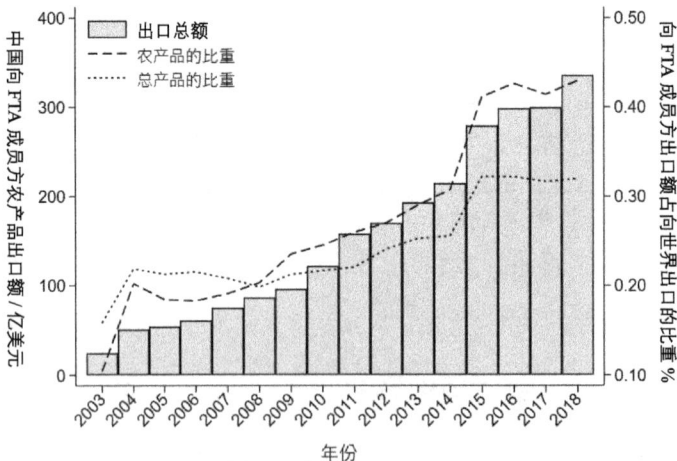

图 5-1　中国向 FTA 成员方农产品出口总额情况

数据来源：作者根据 CEPII-BACI 数据计算得到。

从图 5-1 中可以发现，中国向当年已经成立的 FTA 成员方农产品出口总额增长幅度巨大。2003—2007 年间中国 FTA 建设处于探索阶段，2004 年与东盟签订的早期收获计划使双方农产品关税大幅降低，2003—2004 年间中国向 FTA 出口总额从 24.37 亿美元迅速增长到 50.94 亿美元，但此后增长速度有所放缓，2007 年时达到了 75.10 亿美元。随着 FTA 建设的加速，此后的 2007—2013 年间中国地区农产品出口进入了连续平稳增长的阶段，并在 2014 年以后开启了一轮新的快速发展。值得注意的是，世界农产品贸易和中国农产品出口 2009 年和 2015 年分别由于金融危机和经济增速减缓引起的需求下降而出现了明显的下滑趋势，而中国向 FTA 成员方出口的农产品却逆势增长，在 2009 年和 2015 年的增幅分别为 11.06% 和 30.00%，可见 FTA 对我国农产品存在着平稳贸易的作用。

中国向 FTA 成员方农产品出口额占向世界出口的比重变动趋势基本与向 FTA 成员方农产品出口总额一致，但在 2005 年和 2017 年有小幅下降。为了考察 FTA 对农产品出口总额的影响是否与其他产品不同，进一步加入中国向 FTA 成员方所有产品出口总额占中国向世界出口所有产品总额的比重进行对比，发现在 2008 年之前农产品占比低于总体，但此后开始反超并且差距逐渐拉大，2003 年农产品占比比总体低 5.41%，而到 2018 年已经超过总体 10.11%。其原因可能在于，2008 年以后各国在农产品领域都倾向于加强贸易保护。在多边谈判中关于农业的问题一直是重点和难点，由于不同国家面临的农业发展水平、农产品国际贸易中的主要关注点差异巨大，导致各方利益难以统一协调，而农产品贸易自由化自然难以在多边体系下实现突破。乌拉圭回合在多方艰难的妥协中终于以达成《农业协议》而结束，但各国对于农产品贸易保护的分歧并没有减少，此后的多哈回合也在此背景下也多次陷入僵局（孔庆峰和杨亚男，2011）。而随着 2008 年金融危机后贸易保护主义的复苏，近年来各国设置了更多非关税措施，而其中农产品贸易受技术性贸易壁垒等措施的影响较为严重，而在传统的多边贸易体制框架中难以对此进行约束。相对而言，FTA 则可以对这些 WTO 传统议题以外的措施进行整合。例如，2005 年之后世界前 15 大农产品进口国所签订的 FTA 中，有一半以上都规定了技术性贸易壁垒专项规范（姚新超和左宗文，2014），有效降低了非关税壁垒带来的影响。因此FTA对农产品出口也就逐渐有了越来越大的影响。

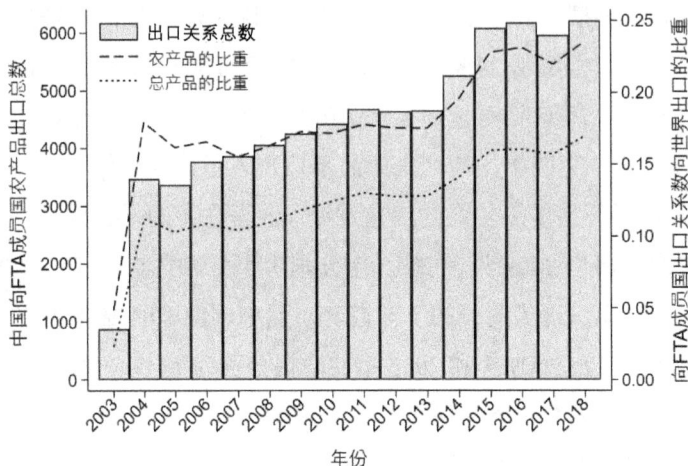

图 5-2 中国向 FTA 成员方农产品出口关系情况

数据来源：作者根据 CEPII-BACI 数据计算得到。

根据图 5-2 的结果，中国向 FTA 成员方产品出口关系数量发展趋势与出口额有一定相似性，都经历了快速的增长期，2003—2018 年间的平均增长率达到了 40.70%。在 2009 年和 2015 年两次外部需求下降的时期中国向 FTA 成员方农产品出口关系数仍然实现了增长，增长率分别达到了 4.90% 和 15.58%，可见 FTA 对于中国农产品出口关系数也有着平稳作用。不过，出口关系数量的变化比出口额波动性更强，出口额始终处于增长状态，而出口关系数量则出现了多次比前一年下降的情况。

中国向 FTA 成员方出口的农产品占所有产品总出口的比重与中国自贸区政策的发展阶段较为吻合，2004 年大幅增长后 2007—2013 年间实现了稳定发展，2014 年又重新实现快速扩张，到 2018 年时农产品出口关系占比已经增加到了 23.54%，但仍然与出口额占比差距较大。值得指出的是，从图 5-2 中可以看出，中国向 FTA 成员方出口关系数量和份额增长的延续性相对较差，在 2004 年和 2014 年大幅增长之后很快增速减缓，2007—2013 年间增长较为平稳但增长幅度有限，尤其是 2015 年以来中国向 FTA 成员方农产品出口关系的数量几乎没有增长，2017 年的份额甚至出现了下降，其背后的原因值得进一步探讨。

从与其他产品对比来看，中国向 FTA 农产品出口关系占向世界农产品出口的比重高于中国向 FTA 出口所有产品关系数占向世界出口所有产品的比重，且这一差距始终较为明显，2018 年的差距为 6.60%，这说明 FTA 对中国农产品出口关系的影响要显著高于其他产品。农业是涉及国计民生的基础性战略产业，对农业给予政策关注和倾斜是大部分国家都会采用的做法。此外，一些国家出于地缘政治和国家安全的角度，更加防范在危机状态下粮食等农产品受制于人而供应不足的问题，因此格外强调本国农业的独立性和对农业产业的保护。而对于许多中国的主要农产品出口对象国而言，由于农民生产的分散性，许多国家都成立有保护农民利益的协会或联盟，当农产品进口可能会冲击本国农业生产者时，农业利益集团会向政府提出建议，要求或施加政治压力，以维护本国农业利益。而政府为了保证选票则会在对外农业谈判中加强对农产品的保护力度，从而降低农产品贸易的自由化水平（张微微，2012；王晓莉等，2020）。可见，农产品贸易保护程度较高，而当 FTA 成立后随着关税的大幅降低，对农产品出口关系的影响也会更为明显。

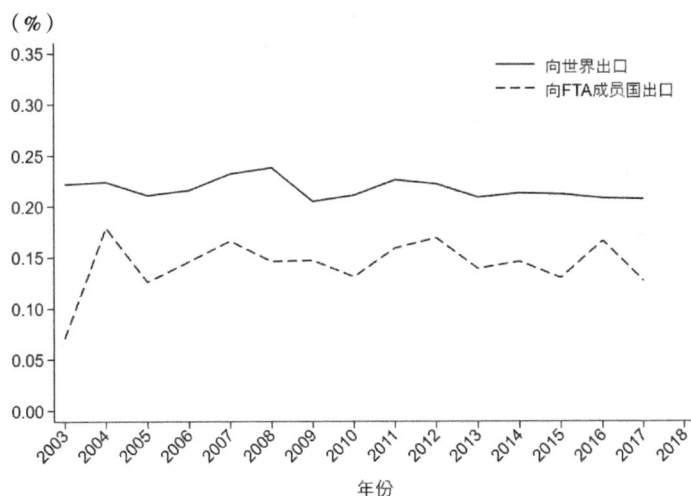

图 5-3 中国向 FTA 成员方农产品出口关系的中断比例

数据来源：作者根据 CEPII-BACI 数据计算得到。

从图 5-2 可以看出中国向 FTA 成员方农产品出口关系增长呈现出一定波动性，未能实现连续稳定增长。因此在考察 FTA 对农产品出口持续时间的影响因素之前，首先在图 5-3 中对中国向 FTA 成员方和向世界农产品出口关系的中断比例进行对比观察。

从图 5-3 中可以得出两个结论。第一，中国向 FTA 成员方出口农产品关系的中断比例低于向世界出口，2003—2018 年间农产品和总体产品中断比例的均值分别为 14.32% 和 21.71%，差距达到了 7.39%。第二，中国向 FTA 成员方出口农产品关系中断比例的波动比向世界出口农产品关系中断比例的波动更大。中国向世界农产品出口关系的中断比例除了在 2009 年有着较大幅度的下降之外其他年份变动幅度都较小，而向 FTA 农产品出口关系的中断比例在各年间上升和下滑的趋势的变动次数和幅度都更大，而且在2004 年和 2015 年两次农产品出口数量明显提升的年份中断比例也随之升高。从中断比例来看，FTA 对农产品出口关系的影响相对较大，说明 FTA 对出口关系持续时间也有着更为显著的作用。同时，中断比例的变动波动性较强，说明 FTA 对出口关系持续时间影响的机制可能比较复杂，有待进一步深入考察。

5.2.2 提出假说

Krugman（1991）提出了著名的"天然贸易伙伴"假说，认为容易从贸易自由化中获益的国家之间更倾向于形成 FTA，成员国间在 FTA 成立之前往往就已经具备邻近的地理距离或互补的比较优势结构等有利条件。可见，成立有 FTA 的两国之间往往因为这些便利条件而拥有比其他国家更低的贸易成本。相对于区外国家，区内成员国之间沉没成本 c_s^{ij} c_s^{ij} 和每期固定成本 f_s^{ij} f_s^{ij} 往往具有天然的优势，因此同样生产率的前提下企业向 FTA 成员方出口更容易获利，出口贸易关系也就更容易延续。由此，得到本书的第一个假说：

假说 1：中国向 FTA 成员方出口农产品的关系持续时间比非成员国更长。

FTA 成立后，大幅降低甚至取消关税、统一标准和法规以及提高贸易便利化水平等一系列措施显著降低了企业出口贸易行为中的沉没成本

c_s^{ij} 和每期的固定成本 f_s^{ij}。如图 5-4 所示，受到 FTA 影响的贸易关系可以根据作用时机不同分为两种。第一种贸易关系在 FTA 签订之前就已经建立，如图 5-4 中的贸易段 C。由于前期已经支付了一次性的沉没成本 c_s^{ij}，FTA 对于贸易段 C 的影响仅在于降低了维持贸易关系所需的每期的固定成本 f_s^{ij}，因此贸易段 C 比未成立 FTA 情形下的贸易段 B 持续时间更长。第二种贸易段如图 5-4 中贸易段 D，FTA 对此类贸易段的作用由两方面构成。一方面，和贸易段 C 相同，FTA 成立带来的成本降低仍然有利于贸易段 D 持续时间的延长；但另一方面，由于不确定性的存在企业往往将 FTA 的建立作为一种信号机制，据此判断维持贸易关系所需的每期固定成本 f_s^{ij} 降低，同时，随着进入出口市场所需的沉没成本 c_s^{ij} 下降，"试错"的机会成本也相应降低，这些因素导致低生产率的企业过多地进入出口市场，但在建立起出口贸易关系后发现其生产率不足以使其支付总成本而迅速退出（Besedeš et al., 2015），造成出口持续时间的缩短。因此，在其他条件相同的情况下，贸易段 D 的持续时间短于贸易段 C，但是否短于贸易段 B 取决于两种作用的加总。

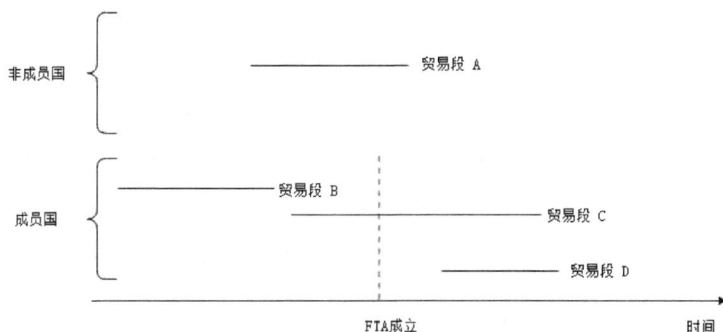

图 5-4 FTA 对不同贸易段的影响

资料来源：作者自制。

假说 2：FTA 延长了成立之前已经开始的出口贸易关系的持续时间，但缩短了建成之后开始的出口贸易关系的持续时间。

FTA 对持续时间影响的渐进性主要包括两方面。首先，FTA 成立后关税降低和其他壁垒的削减往往需要数年才能完成，比如中国—东盟自贸区成员国之间从 2004 年的"早期收获计划"开始下调农产品关税，2015 年才完全实现全部产品（部分敏感产品除外）的零关税。其次，在 FTA 成立初期，企业对区内优惠税率、原产地规则等信息的把握较为欠缺，导致 FTA 政策的利用率偏低。FTA 成立后，企业自身经验不断得到积累，政府部门也会通过宣传、培训和简化手续等方式降低企业为利用 FTA 政策而需要付出的成本（韩剑等，2018）。因此，随着成立时间的增加，FTA 的条款会逐步落实，企业也可以更好地利用政策降低贸易成本，从而更有利于出口关系的延续。

除了数量上的增加，FTA 在条款方面也呈现逐渐深化的趋势，不仅包含了传统的市场准入、关税降低等手段，也逐渐加入了 WTO 框架之外的新议题。新议题的扩展使 FTA 区内的政策也逐渐走向更高标准，成员国之间可以实现更深层次的规制改革和超越 WTO 范畴的经济自由化（盛斌和果婷，2014）。随着 FTA 条款深度的提高，成员国可以通过遵循条款而推动国内体制改革，成员国之间规制的融合也将一步加深。这将为区内创建更为开放和高效的经贸环境，并进一步降低由不完全契约等引发的贸易成本和不确定性。

假说 3：中国农产品出口贸易关系中断风险随着 FTA 成立时间和条款深度的增加而降低。

初级产品具有较高的同质性，进出口活动常常在接近完全竞争市场的条件下进行。在市场上初级农产品的特征和价格更为公开透明，出口企业对于推广产品或维护销售网络等活动的需求较少，需要的贸易成本也就更低。加工农产品出口企业为了高利润往往追求产品差异化并实施品牌战略，在出口市场需要更高的市场营销投入，配送和销售等环节的成本也较高。此外，加工农产品遭受的关税也普遍高于初级产品。可见，加工农产品在出口贸易各个环节中面临更高的贸易成本，FTA 成立后成本下降的幅度也就高于初级农产品，出口贸易关系的持续性也就受到更大的影响。

假设 4：FTA 对加工农产品出口持续时间的影响大于初级农产品。

5.2.3 基于 K-M 法的分析

根据前文的假说，在基准回归中分别设定三个核心解释变量。（1）FTA

member 为不随时间变化的虚拟变量，若出口对象为与中国签订 FTA 的成员国取 1，否则为 0。（2）FTA in effect 为虚拟变量，出口对象国为 FTA 成员方且当年 FTA 已经成立取 1，若出口对象为非成员国或是成员国但当年 FTA 尚未成立则取 0。（3）FTA after 为虚拟变量，若出口对象为 FTA 成员方且当前贸易段开始于 FTA 成立后（如图 5-4 中贸易段 D）取 1，若出口对象为非 FTA 成员方或出口对象是成员国但当年 FTA 尚未成立，抑或 FTA 已经成立但当前贸易关系所处的贸易段开始于 FTA 成立前（分别对应图 5-4 中贸易段 A、B 和 C）则取值为 0。

图 5-5（a）给出了样本总体的生存率曲线。根据 K-M 分析结果，中国农产品出口贸易的持续时间较短，均值和中位数仅为 3.062 年和 1 年。生存率随时间增加而下降，但随着生存时间增加下降速度降低。生存率在第 1 年到第 5 年间从 0.493 降低到 0.197，下降幅度为 0.296，从第 5 年到第 20 年间下降幅度仅为 0.090，可见中国农产品出口关系在前期面临的中断风险更高，一旦跨越此阶段出口关系持续的概率也大大增加。

图 5-5（b）中，根据贸易段是否为中国向 FTA 成员方出口进行分组，结果表明向 FTA 成员方的农产品出口关系生存率始终高于非成员国。这一结果与假说 1 对应，但两组间生存率的差异相对较小，说明国家间的固有差异并未造成太大影响。在图 5-5（c）中将向 FTA 成员方出口的贸易段根据是否受到 FTA 成立的影响分组，发现受到 FTA 成立影响的贸易段生存情况优于未受影响的贸易段，在图 5-5（d）中进一步再根据 FTA 成立时间分组，发现开始于 FTA 成立后的贸易关系生存率明显更低。图 5-5（c）和图 5-5（d）的结果与假说 2 对应，并且组间差异均大于图 5-5（b），说明 FTA 的成立对中国农产品出口关系持续时间产生了更大的作用。当然，基于 K-M 法分组的分析仅能对结论做出初步的支持，FTA 的具体效应仍有待实证模型的进一步检验。

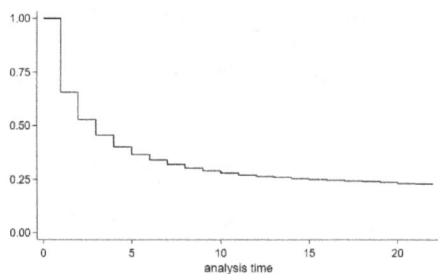

（a）样本总体生存率曲线

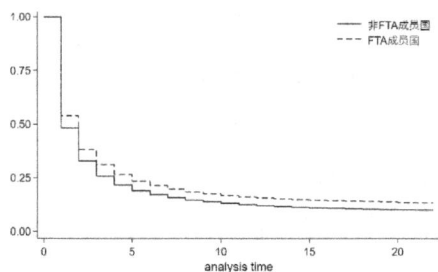

（b）生存曲线对比：是否为 FTA 成员方

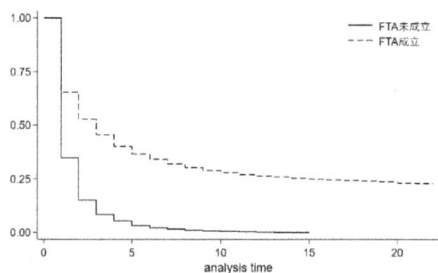

（c）生存率曲线对比：FTA 是否成立

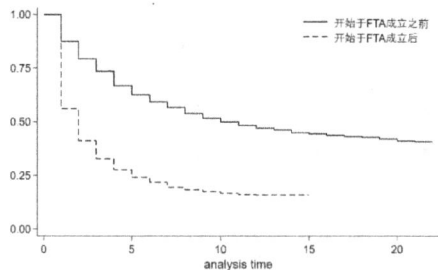

（d）生存率曲线对比：贸易段开始时间

图 5-5 中国向 FTA 成员方农产品出口关系的生存率曲线

数据来源：作者根据 CEPII-BACI 数据计算得到。

5.2.4 基准回归结果

在基准回归中对假说 1 和假说 2 进行检验，为了控制不可观测异质性的影响，在表 5-6 第（1）—第（3）列未加入地区、产品和年份的虚拟变量组，并依次加入 FTA member、FTA in effect 和 FTA after 三个核心解释变量。第（4）—第（6）列在前面 3 列的基础上加入了地区、产品和年份的虚拟变量组。

FTA member 变量在各列间系数始终为负且在 1% 的水平上显著，这说明中国向 FTA 成员方的出口风险率低于向非成员国的出口，出口贸易关系的持续时间也就越长，与假说 1 一致。从系数大小来看，FTA member 在第（6）列中的系数 –0.337，其绝对值小于 FTA in effect 和 FTA after。这一趋势同前文 K–M 法的分析一致，FTA 成立的效应大于成员国与非成员国之间的固有差异。

FTA in effect 和 FTA after 的系数在各列间均保持了 1% 的显著水平。在第（3）列中 FTA in effect 的系数为 –0.066，说明对于所有贸易关系而言 FTA 的成立使总体中断概率显著降低。在第（5）列中加入 FTA after 后，FTA in effect 仍然保持了对中断概率显著的负向作用，但是系数变为 –0.397，表明在受到 FTA 成立影响的贸易关系中，开始于 FTA 成立之前的出口中断风险率显著降低。FTA after 的系数为 0.579，可见开始于 FTA 成立之后的出口关系风险率显著增加，FTA 的作用时机产生了显著的差异化作用，这一结果验证了假说 2。进一步，在（6）列中 FTA in effect 和 FTA after 的系数之和为 0.182，说明对于开始于 FTA 成立之后的贸易段而言，不确定性作用下的负面作用超过了 FTA 成立带来的正向作用，使得 FTA 成立后开始的贸易关系持续时间总体上短于 FTA 未成立时的状态。

国家和产品层面的影响因素与预期分析一致。国家层面，接壤（Contig）、共同语言（Comlang）、经济规模（ln GDP）、经济自由度（EFree）等变量对出口持续时间产生了正向的影响，距离（ln Dist）和人均收入差异（ln GDPdif）的增加则显著缩短了出口持续时间。产品层面，除了单价（ln UV）外的其他变量都显著降低了出口贸易关系中断的概率。

本书的基准回归结果验证了 FTA 对出口持续时间的两面性，FTA 的成立使已有贸易关系的持续时间延长，而大量新的贸易关系只能在试错之后退出。试错的背后是大量时间和资金的浪费，因此 FTA 成立后开始的贸易关系更需要指引和保护。试错的背后是大量时间和资金的浪费，因此 FTA 成立后开始的贸易关系更需要指引和保护。同时，这一结果也反映出在微观层面，尤其是在不确定性条件下，企业对贸易政策的应对方式比以往研究中所揭示的更为复杂。传统研究中基于引力模型的研究可以在长期中对贸易流量进行静态模拟，但在高度全球化、经济形势瞬息万变的情况下如何及时把握企业动向，仍是值得深入探究的议题。

表 5-6 FTA 对农产品出口关系持续时间影响的基准回归结果

	（1）	（2）	（3）	（4）	（5）	（6）
FTA member	−0.376***	−0.245***	−0.280***	−0.338***	−0.302***	−0.337***
	(0.028)	(0.032)	(0.032)	(0.029)	(0.034)	(0.033)
FTA in effect		−0.232***	−0.580***		−0.066**	−0.397***
		(0.028)	(0.038)		(0.030)	(0.039)
FTA after			0.594***			0.579***
			(0.041)			(0.042)
ln Dist	0.072***	0.072***	0.076***	0.213***	0.212***	0.219***
	(0.022)	(0.021)	(0.021)	(0.035)	(0.035)	(0.035)
landlocked	0.150***	0.148***	0.148***	0.144***	0.143***	0.147***
	(0.027)	(0.027)	(0.027)	(0.028)	(0.028)	(0.027)
Contig	−0.173***	−0.160***	−0.170***	−0.169***	−0.166***	−0.171***
	(0.039)	(0.039)	(0.039)	(0.039)	(0.039)	(0.039)
Comlang	−0.272***	−0.227***	−0.245***	−0.533***	−0.520***	−0.533***
	(0.060)	(0.060)	(0.060)	(0.060)	(0.060)	(0.060)
ln GDP	−0.124***	−0.122***	−0.120***	−0.130***	−0.130***	−0.127***
	(0.006)	(0.006)	(0.006)	(0.006)	(0.006)	(0.006)
ln GDPdif	0.010	0.011*	0.009	0.031***	0.031***	0.029***
	(0.006)	(0.006)	(0.006)	(0.006)	(0.006)	(0.006)
ln EFree	−0.812***	−0.834***	−0.825***	−0.690***	−0.698***	−0.684***
	(0.059)	(0.059)	(0.058)	(0.061)	(0.061)	(0.060)

续表

	（1）	（2）	（3）	（4）	（5）	（6）
ln ExrRate	0.167***	0.162***	0.163***	0.113***	0.111***	0.116***
	(0.022)	(0.022)	(0.022)	(0.023)	(0.023)	(0.023)
ln UV	0.030***	0.032***	0.030***	0.040***	0.041***	0.040***
	(0.005)	(0.005)	(0.005)	(0.006)	(0.006)	(0.005)
ln IV	−0.118***	−0.119***	−0.119***	-0.153***	-0.153***	-0.153***
	(0.005)	(0.005)	(0.005)	(0.005)	(0.005)	(0.005)
History	−0.887***	−0.874***	−0.880***	−0.688***	−0.688***	−0.688***
	(0.014)	(0.014)	(0.014)	(0.016)	(0.016)	(0.016)
RCA	−0.024***	−0.029***	−0.028***	−0.077***	−0.076***	−0.078***
	(0.007)	(0.007)	(0.007)	(0.008)	(0.008)	(0.008)
Share	−0.925***	−0.916***	−0.906***	−0.980***	−0.980***	−0.965***
	(0.032)	(0.032)	(0.032)	(0.033)	(0.033)	(0.033)
ln TE	−0.310***	−0.306***	−0.305***	−0.288***	−0.288***	−0.284***
	(0.004)	(0.004)	(0.004)	(0.005)	(0.005)	(0.005)
ln TI	−0.199***	−0.198***	−0.196***	−0.226***	−0.226***	−0.224***
	(0.005)	(0.005)	(0.005)	(0.005)	(0.005)	(0.005)
Constant	10.520***	10.522***	10.404***	7.379***	7.412***	7.198***
	(0.323)	(0.323)	(0.321)	(0.443)	(0.443)	(0.440)
Region	No	No	No	Yes	Yes	Yes
Product	No	No	No	Yes	Yes	Yes
Year	No	No	No	Yes	Yes	Yes
Observations	313,343	313,343	313,343	294,144	294,144	294,144
loglikelyhood	−147150	−147115	−147010	−139761	−139758	−139663
rho	0.403	0.402	0.397	0.384	0.384	0.378
AIC	294335	294268	294059	279677	279674	279486
BIC	294527	294471	294272	280503	280511	280334

注：***、**、*分别表示参数的估计值在1%、5%、10%的水平上显著；括号内数值为标准差。

5.2.5 对 FTA 成立时间和条款深度的研究

本书首先在表 5-7 第（1）列中设定 FTA phase 变量并引入基准回归方程，以考察 FTA 作用的阶段性特征。FTA phase 为类别变量，当双边不存在 FTA 时取值为 0；FTA 成立但成立时间小于 5 年，则取值为 1；成立时间大于等于 5 年但小于 10 年，则取值为 2；若成立时间大于等于 10 年则取值为 3。在第（2）列中加入 FTA age 变量，其含义为 FTA 从成立至当年的年数。两个变量都显著为负，FTA phase 的系数为 −0.144，FTA age 系数较小，为 −0.029。随着 FTA 建成时间的增加，中国向区内成员农产品出口关系中断的概率逐渐降低。这一结果反映出迄今中国在 FTA 区内各项政策的有序实施已经实现了较为良好的成效。在条款落实之外，还应当注意的是企业如何利用 FTA 政策的问题。虽然在企业自身"学习效应"和政府的宣传培训等作用下，FTA 政策利用率随建成时间增加逐渐提高，但已有研究表明，中国企业目前 FTA 的利用率总体仍然远低于发达国家水平（沈铭辉和王玉主，2011；华晓红等，2014）。相比于大型制造业出口企业，农产品出口商往往规模较小，获取信息和利用政策的能力也较弱，对于 FTA 政策的利用也更有困难。因此，如何在 FTA 成立后提升农产品出口企业利用优惠政策的便利性，应当成为农业政策制定的一个重要关注点。

Horn et al.（2010）基于对 FTA 文本的深入分析将条款划分为 14 项 WTO-plus 类条款和 38 项 WTO-extra 类条款两类，这一分类为 WTO 官方和众多研究者所采用。为了考察 FTA 条款深度对中国农产品出口关系持续时间的影响，本书利用世界银行 Content of Deep Trade Agreements 数据库中 FTA 协定条款数据展开研究。借鉴童伟伟（2018）的研究，第（3）列在第（2）列基础上加入 FTA 条款总数（Depth total）变量，其系数显著为负，与预期一致。这一结果表明，FTA 的条款深度不仅可以促进贸易流量的扩张，对贸易关系的稳定性也有显著的正向作用。进一步，在第（4）列和第（5）列中分别加入 WTO-plus 类条款数（Depth plus）和 WTO-extra 类条款数（Depth extra），二者系数均显著为负，系数值分别为 −0.009 和 −0.008，WTO-extra 条款的影响略小于 WTO-plus 类条款。WTO-plus 类条款侧重于在 WTO 框架内议题的深化，主要通过关税减让等边界措施提高区内市场准入，属于"第一代"贸易政策；WTO-extra 条款则更关注区内公共政策和监管等边界内措施，属于"第二代"贸易政策，代表了目前区域主义发展的新趋势。然而，目前中国已签署 FTA 中的条款仍然主要侧重于传统市场准入问题，对 WTO-extra 条款的覆盖远低于欧美和日韩等发达国家水平，因此 WTO-extra 类条款也是中国目前 FTA 谈判的重点方向（韩剑等，2018；高疆和盛斌，2018）。本书的研究结果表明，从稳定农产品出口关系的角度出发，FTA 协定中两种条款均产生了明显成效，在今后 FTA 农业谈判中 WTO-extra 的条款设定尤为值得加强。需要指出的是，本书对 FTA 协定文本深度差异的分析在一定程度上有助于区分不同自贸协定中各个签署方农产品贸易受到的不同影响，但仍难以区分同一自贸协定中的各个签署方之间的差异。受限于数据和研究方法，对 FTA 异质性作用的进一步考察有待于后续的深入研究。

表 5-7 FTA 成立时间和条款深度对出口关系持续时间的影响

	（1）	（2）	（3）	（4）	（5）
FTA member	−0.333***	−0.334***	−0.330***	−0.330***	−0.330***
	(0.033)	(0.033)	(0.034)	(0.033)	(0.034)
FTA in effect	−0.214***	−0.304***	−0.252***	−0.246***	−0.272***
	(0.050)	(0.042)	(0.050)	(0.052)	(0.046)
FTA after	0.699***	0.709***	0.717***	0.720***	0.712***
	(0.047)	(0.048)	(0.049)	(0.049)	(0.048)
FTA phase	−0.144***				
	(0.025)				
FTA age		−0.029***	−0.031***	−0.031***	−0.030***
		(0.005)	(0.005)	(0.005)	(0.005)
Depth total			−0.005**		
			(0.002)		
Depth plus				−0.009*	
				(0.005)	

续表

	（1）	（2）	（3）	（4）	（5）
Depth extra					−0.008*
					(0.004)
ln Dist	0.210***	0.210***	0.218***	0.215***	0.218***
	(0.035)	(0.035)	(0.035)	(0.035)	(0.035)
ln ExrRate	0.144***	0.144***	0.144***	0.144***	0.145***
	(0.027)	(0.027)	(0.027)	(0.027)	(0.027)
Contig	−0.173***	−0.173***	−0.169***	−0.169***	−0.169***
	(0.039)	(0.039)	(0.039)	(0.039)	(0.039)
Comlang	−0.519***	−0.518***	−0.520***	−0.518***	−0.521***
	(0.060)	(0.060)	(0.060)	(0.060)	(0.060)
ln GDP	−0.128***	−0.128***	−0.128***	−0.128***	−0.128***
	(0.006)	(0.006)	(0.006)	(0.006)	(0.006)
ln GDPdif	0.030***	0.030***	0.030***	0.030***	0.030***
	(0.006)	(0.006)	(0.006)	(0.006)	(0.006)
ln EFree	−0.682***	−0.681***	−0.672***	−0.677***	−0.670***
	(0.060)	(0.060)	(0.060)	(0.060)	(0.061)
ln ExrRate	0.114***	0.113***	0.114***	0.114***	0.114***
	(0.023)	(0.023)	(0.023)	(0.023)	(0.023)
ln UV	0.040***	0.040***	0.040***	0.040***	0.040***
	(0.005)	(0.005)	(0.005)	(0.005)	(0.005)
ln IV	−0.153***	−0.153***	−0.153***	−0.153***	−0.153***
	(0.005)	(0.005)	(0.005)	(0.005)	(0.005)
History	−0.691***	−0.692***	−0.692***	−0.692***	−0.692***
	(0.016)	(0.016)	(0.016)	(0.016)	(0.016)
RCA	−0.077***	−0.077***	−0.077***	−0.077***	−0.077***
	(0.008)	(0.008)	(0.008)	(0.008)	(0.008)

续表

	（1）	（2）	（3）	（4）	（5）
Share	−0.961***	−0.961***	−0.960***	−0.961***	−0.961***
	(0.033)	(0.033)	(0.033)	(0.033)	(0.033)
ln TE	−0.284***	−0.284***	−0.284***	−0.284***	−0.284***
	(0.005)	(0.005)	(0.005)	(0.005)	(0.005)
ln TI	−0.222***	−0.222***	−0.223***	−0.222***	−0.223***
	(0.005)	(0.005)	(0.005)	(0.005)	(0.005)
Constant	7.275***	7.277***	7.158***	7.203***	7.155***
	(0.440)	(0.440)	(0.444)	(0.442)	(0.445)
Region	Yes	Yes	Yes	Yes	Yes
Product	Yes	Yes	Yes	Yes	Yes
Year	Yes	Yes	Yes	Yes	Yes
Observations	294144	294144	294144	294144	294144
loglikelyhood	−139646	−139647	−139645	−139646	−139646
rho	0.377	0.377	0.377	0.377	0.377
AIC	279455	279457	279455	279455	279456
BIC	280313	280315	280323	280324	280324

注：***、**、* 分别表示参数的估计值在 1%、5%、10% 的水平上显著；括号内数值为标准差。

5.2.6　FTA 对不同农产品出口持续时间的影响

基于 Regmi et al.（2005）等专门针对农产品的分类，初级农产品主要包括未经加工的大宗农产品，比如谷物、油料、棉花、花生、咖啡和茶叶，其余为加工农产品，这一标准在农产品贸易的研究中也得到了广泛应用（Zhang et al.，2017；许为和陆文聪，2016）。为了更全面地检验假说 4，在表 5-8 第（1）—（2）列分别列出了初级农产品和加工农产品样本的回归结果，其中 Depth 含义为 FTA 两类条款总数，与表 4 第（3）列一致。类似地，在第（3）—（4）列、第（5）—（6）列中 Depth 含义分为 WTO-plus 类条款和 WTO-extra 类条款数量。回归结果表明，在各列之间核心解释变量的系数方向均与基准回归一致。同时，从系数大小来看，加工农产品的系数绝对值总体上大于初级农产品。这一结果与假说4相符，FTA 对加工农产品持续时间的影响大于初级农产品。相对于初级农产品，加工农产品由于包含了更高的贸易附加值而更具发展前景，"十三五"规划也明确提出"积极发展农产品加工业，积极开展境外农业合作"。然而，目前国内农产品出口生产商依然面临生产成本过高等一系列问题。本书的研究结果表明，对于获得稳定出口收入而言，FTA 为农产品加工业提供了良好的契机。中国本身具有丰富的农产品品类，农产品加工企业应把握机遇，用好 FTA 优惠政策，政府也应当积极合理引导农产品加工企业向 FTA 区内出口。

表 5-8　FTA 对不同农产品出口持续时间的影响

	Depth total		Depth plus		Depth extra	
	初级农产品（1）	加工农产品（2）	初级农产品（3）	加工农产品（4）	初级农产品（5）	加工农产品（6）
FTA member	−0.242**	−0.336***	−0.245**	−0.319***	−0.237*	−0.313***
	(0.123)	(0.035)	(0.123)	(0.033)	(0.123)	(0.033)
FTA in effect	−0.363*	−0.240***	−0.421**	−0.641***	−0.311*	−0.475***
	(0.189)	(0.052)	(0.198)	(0.051)	(0.174)	(0.045)
FTA after	0.546***	0.727***	0.531***	0.827***	0.552***	0.873***
	(0.183)	(0.050)	(0.183)	(0.050)	(0.182)	(0.049)
FTA age	−0.023	−0.032***	−0.021	−0.039***	−0.025	−0.048***
	(0.019)	(0.005)	(0.020)	(0.005)	(0.019)	(0.005)
Depth	0.006	−0.006**	0.019	0.037***	0.003	0.019***
	(0.009)	(0.003)	(0.018)	(0.004)	(0.016)	(0.004)
ln Dist	0.024	0.240***	0.021	0.050**	0.033	0.046**
	(0.126)	(0.036)	(0.126)	(0.022)	(0.126)	(0.022)
	0.145	0.138***	0.146	0.140***	0.145	0.138***
	(0.094)	(0.028)	(0.094)	(0.028)	(0.094)	(0.028)

	Depth total		Depth plus		Depth extra	
	初级农产品（1）	加工农产品（2）	初级农产品（3）	加工农产品（4）	初级农产品（5）	加工农产品（6）
Contig	−0.003	−0.178***	−0.006	−0.202***	0.001	−0.195***
	(0.143)	(0.041)	(0.143)	(0.040)	(0.143)	(0.040)
Comlang	−0.449**	−0.535***	−0.450**	−0.241***	−0.450**	−0.231***
	(0.215)	(0.062)	(0.215)	(0.062)	(0.215)	(0.062)
ln GDP	−0.090***	−0.130***	−0.090***	−0.122***	−0.090***	−0.122***
	(0.021)	(0.006)	(0.021)	(0.006)	(0.021)	(0.006)
ln GDPdif	−0.017	0.035***	−0.017	0.017***	−0.017	0.018***
	(0.022)	(0.007)	(0.022)	(0.006)	(0.022)	(0.006)
EFree	−0.837***	−0.651***	−0.833***	−0.790***	−0.831***	−0.805***
	(0.207)	(0.063)	(0.206)	(0.061)	(0.207)	(0.061)
	0.052	0.117***	0.053	0.160***	0.053	0.163***
	(0.113)	(0.023)	(0.113)	(0.022)	(0.113)	(0.022)
ln UV	−0.006	0.043***	−0.006	0.042***	−0.006	0.043***
	(0.020)	(0.006)	(0.020)	(0.005)	(0.020)	(0.005)
ln IV	−0.107***	−0.159***	−0.107***	−0.126***	−0.107***	−0.126***
	(0.015)	(0.005)	(0.015)	(0.005)	(0.015)	(0.005)
History	−0.654***	−0.690***	−0.654***	−0.870***	−0.655***	−0.870***
	(0.056)	(0.016)	(0.056)	(0.015)	(0.056)	(0.015)
RCA	−0.174***	−0.063***	−0.175***	−0.014*	−0.175***	−0.014*
	(0.022)	(0.008)	(0.022)	(0.007)	(0.022)	(0.007)
Share	−0.795***	−0.983***	−0.795***	−0.912***	−0.794***	−0.910***
	(0.107)	(0.035)	(0.107)	(0.034)	(0.107)	(0.034)

续表

	Depth total		Depth plus		Depth extra	
	初级农产品（1）	加工农产品（2）	初级农产品（3）	加工农产品（4）	初级农产品（5）	加工农产品（6）
ln TE	−0.182***	−0.296***	−0.182***	−0.312***	−0.182***	−0.311***
	(0.017)	(0.005)	(0.017)	(0.005)	(0.017)	(0.005)
ln TI	−0.171***	−0.231***	−0.171***	−0.202***	−0.171***	−0.201***
	(0.015)	(0.005)	(0.015)	(0.005)	(0.015)	(0.005)
Constant	9.524***	7.023***	9.544***	10.532***	9.420***	10.615***
	(1.539)	(0.460)	(1.531)	(0.334)	(1.542)	(0.339)
Region	Yes	Yes	Yes	Yes	Yes	Yes
Product	Yes	Yes	Yes	Yes	Yes	Yes
Year	Yes	Yes	Yes	Yes	Yes	Yes
Observations	21888	272256	21888	290102	21888	290102
loglikelyhood	−10778	−128698	−10778	−135439	−10779	−135464
rho	0.360	0.376	0.360	0.393	0.359	0.393
AIC	21663	257556	21662	270922	21663	270971
BIC	22086	258397	22086	271154	22087	271204

注：***、**、* 分别表示参数的估计值在 1%、5%、10% 的水平上显著；括号内数值为标准差。

5.3 本章小结

本章利用 1996—2018 年间 CEPII-BACI 数据，采用基于离散时间的生存分析法研究了中国农产品出口关系持续时间的影响因素，首先对国家和产品层面的因素进行分析，并进一步对 FTA 这一重要因素对于持续时间的影响及其机制进行深入分析。

在国家层面，双边距离、接壤、共同语言和内陆情况体现了国家层面的总体运输成本，出口国经济规模、与中国人均 GDP 差异则反映了对方的总体需求情况，而目的国经济自由度水平和汇率变动率则体现了贸易活动的外部经济和政策环境。其中接壤、共同语言、更大的经济规模和更高的经济自由度水平对中国农产品出口关系持续时间产生了显著的正向影响，而更远的距离、内陆国家和更高的人均 GDP 差异则会显著降低中国农产品出口关系的生存率。在产品层面，单位价值和贸易段初始额以及历史反映了贸易段的特征，中国农产品的显性比较优势和占对方进口的份额反映了中国农产品供给的竞争力和相对于进口国的重要性，HS6 分位层面的中国农产品出口总额和对方进口额则反映了贸易双方产品层面的供给和需求能力。除了单价以外，其他产品层面的因素都对中国农产品出口关系持续时间产生了正向影响。

中国向 FTA 成员方农产品出口表现出了巨大的潜力，由于农产品的特殊性，FTA 对农产品出口额和出口关系的影响大于其他产品。因此，进一步专门分析了 FTA 对农产品出口关系持续时间的影响。结果表明，中国向 FTA 成员方出口农产品的风险率更低。受益于贸易成本的降低，开始于 FTA 成立之前的贸易关系持续时间得以延长。但在不确定性的作用下，低生产率出口企业过度增加带来的"试错效应"缩短了开始于 FTA 成立之后的贸易关系的持续时间。通过不同方法和样本的对照，发现这一结论是稳健的。随着 FTA 建成时间和条款深度的增加，出口贸易关系的风险率也随之降低。最后，通过两种不同农产品分类的对比，发现 FTA 对加工农产品出口持续时间的影响大于初级农产品。

第六章　出口关系持续视角下中国农产品出口的二元边际：以"一带一路"为例

在对中国农产品出口关系持续时间的基本特征事实和影响因素进行全面分析之后，本章开始考察出口关系持续时间对于中国农产品总体增长的贡献和影响。第三章和第四章的研究结果初步表明，农产品出口关系的数量增加并不一定带来出口总额的同步增长，而出口关系的生存情况则与良好的出口额表现息息相关。那么，出口关系的生存情况对农产品总额究竟有着怎样的影响？本章将通过在二元边际的分析框架中引入出口关系的生存视角来对此展开研究，并通过反事实分析探索出口关系持续生存对出口增长的意义。

6.1 中国向"一带一路"国家农产品出口的基本情况

2013 年"一带一路"倡议提出以来，至今已经成为我国农产品贸易发展的重要途径。2016 年 10 月发改委则发布的《全国农村经济发展"十三五"规划》提出统筹利用国际国内两个市场两种资源，考虑全球农业资源条件、农产品供求格局和投资环境等因素，着力抓好"一带一路"沿线国家和地区的农业合作。2016 年 10 月，国务院联合多部门印发的《全国农业现代化规划（2016—2020 年）》提出优化农业对外合作布局，加强与"一带一路"沿线国家在农业投资、贸易、技术和产能领域的合作。2018 年 9 月，中共中央和国务院发布了《乡村振兴战略规划（2018—2022 年）》提出加强与"一带一路"沿线国家合作，积极支持有条件的农业企业"走出去"。另外，2017 年 5 月，农业部联合发改委、商务部、外交部专门针对农产品发布了《共同推进"一带一路"建设农业合作的愿景与行动》，明确提出在"一带一路"倡议下，农业国际合作成为沿线国共建利益共同体和命运共同体的最佳结合点。

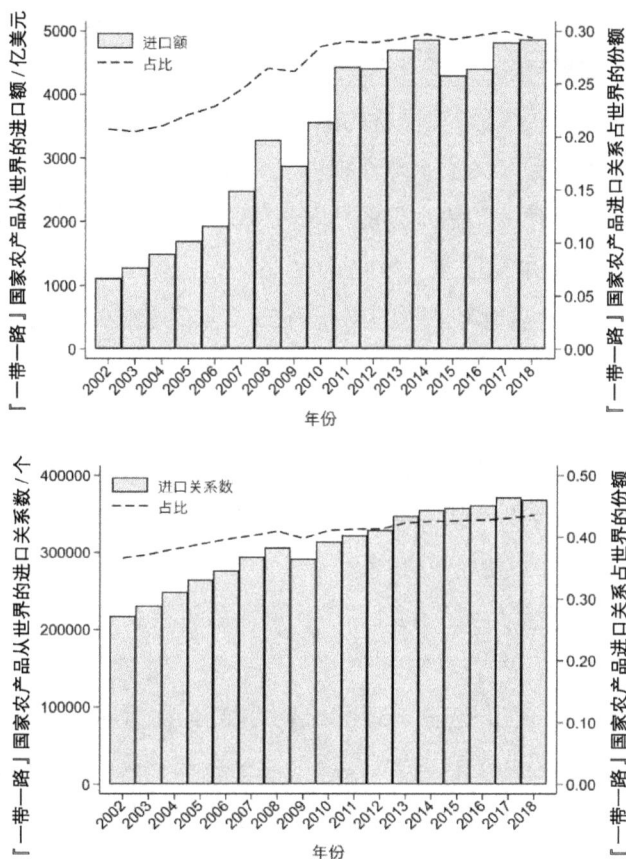

图 6-1 "一带一路"国家从世界进口农产品情况

数据来源：作者根据 CEPII-BACI 数据计算得到。

从图 6-1 可以看出，"一带一路"国家从世界农产品进口总额发展迅速，2002—2018 年间的平均增长率为 21.05%，而同期世界总进口的年均增长率仅为 13.03%。从变化趋势上来看，"一带一路"国家从世界农产品进口总额在 2008 年之前的年均增长率为 32.44%，而 2008 年之后则降至年均 7.67%，虽然后期有所下降但仍然比 2008 年以后世界进口的年均增长率高

2.03%。此外，2008 年"一带一路"国家农产品进口额增长较为平稳，虽然 2012 年和 2015 年有所下降，但都是在当年世界农产品总贸易额下降的背景下发生的。与此同时，"一带一路"国家也逐渐成为农产品进口的主要区域之一，2002 年"一带一路"国家农产品进口额占世界总进口的比重仅为 20.72%，到 2018 年已经迅速增长到 29.34%。"一带一路"国家农产品进口快速发展的原因在于较大的市场规模以及快速增长的经济总量。根据 WDI 的数据，"一带一路"国家土地面积占世界总量的 35.10%，2002—2018 年间"一带一路"国家人口占世界的比重从 46.79% 稳步增长到了 47.74%，从而带动了对农产品的总需求。与此同时，"一带一路"国家的经济总量实现了快速发展，GDP 占世界总量的比重从 2002 年的 12.39% 大幅提升到 2018 年的 19.14%。

"一带一路"国家从世界进口的农产品关系数也实现了快速的增长，2002—2018 年间的平均增长率达到了 4.32%，比世界同期均值高出 1.69%。此外，2008 年之后"一带一路"国家农产品进口关系数的年均增长率也比世界同期均值高出 1.21%。从份额来看，2018 年"一带一路"国家农产品进口关系占世界的比重达到了 43.53%，比进口总额和 GDP 占世界的比重分别高出 14.19% 和 24.12%。总体而言，"一带一路"国家农产品进口关系表现出了巨大的潜力，尤其是进口关系数量占世界的比重明显高于进口额，并且仍然呈现出稳定的上升趋势。其原因可能在于，从"一带一路"国家发展水平构成来看，根据 UNSD 的分组，71 个国家中有 49 个为发展中国家，占比达到 69.01%。这种构成会带来两方面的效应，一方面，"一带一路"国家中、发展中国家中有 42 个为中等收入国家，这些国家是"一带一路"经济总量提高的坚实基础和农产品进口额增长的重要来源。另一方面，发达国家往往由于参与农产品贸易市场较早而在前期就建立起广泛的进口关系，而 2000 年以来世界农产品贸易的一大结构性变化就是发展中国家和新兴国家在全球农产品贸易中的参与度不断提高。在此背景下，目前"一带一路"国家仍处于农产品进口关系网络快速扩张的阶段，这对中国而言是一个重要的机遇。

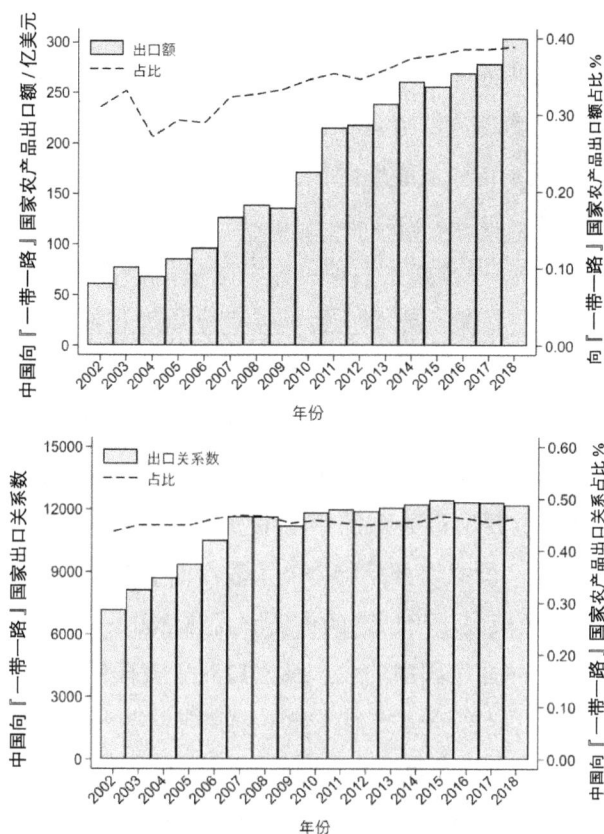

图 6-2　中国向"一带一路"国家出口农产品情况

数据来源：作者根据 CEPII-BACI 数据计算得到。

　　根据图 6-2 的结果，中国向"一带一路"国家农产品出口额的年均增长率为 24.67%，比同期向世界总出口高 6.26%。虽然 2008 年后出口有所下滑，但仍然实现了年均 13.68% 的增长，比世界均值高 3.56%。从份额来看，2002 年中国向"一带一路"国家农产品出口额占向世界总出口比重为 31.02%，到 2018 年时已经增长到 38.89%。虽然 2004 年时份额有所下滑，但次年就有所恢复。尤其 2008—2009 年间中国整体农产品出口额下降了 4.04%，而其中向"一带一路"国家出口的份额反而逆势升了 0.61%，并且在 2009—2018 年间连续提高了 5.59%，这说明在整体外部经济困难环境困难时"一带一路"国家可能是我国农产品更值得依赖的出口对象。从禀赋上来看，"一带一路"国家大多是以农业基础的发展中国家，各国自然资源条件不同，农业发展水平不一，有研究也表明我国同"一带一路"国家农产品之间的比较优势差异明显且存在较强的互补性，尤其是东南亚、中东欧和南亚的主要国家与中国重叠的优势产品不多，因此有着较大的贸易空间和潜力（何敏等，2016；詹淼华，2018）。

2002—2018 年间中国向"一带一路"国家农产品出口关系数的年均增长率为 4.36%，比同期向世界出口关系数年均增长率高 0.57%。但从变化趋势而言，2008 年以后出口关系数的增长速度已经明显减缓，2002—2008 年出口关系数量的年均增长率高达 10.32%，而 2009—2018 年的出口关系数量的平均增长率已降至仅为 0.99%，不过这一数值仍然比 2009—2018 年间中国向世界出口关系的年均增长率高出 0.23%。此外，2018 年中国向"一带一路"国家农产品出口关系数占向世界出口关系总数的比重为 46.19%，这一数值高于出口额的占比，且在 2002—2018 年基本保持稳定。加强对"一带一路"国家的农产品出口对于我国而言无疑是重要的战略选择，2008 年以后部分发达国家经济增速下降使得农产品外部需求下降，而"一带一路"国家不断扩张的进口关系网络使中国农产品出口关系找到了新的增长点。此外，全球农产品贸易逆全球化思潮兴起，各国增加贸易壁垒的同时农产品进口受到政治等因素的影响越来越多（特木钦，2017）。而"一带一路"国家与中国都有着良好的双边关系，其中许多已经和中国建立起伙伴关系。这有助于我国在向"一带一路"国家出口农产品时能够在更大程度上排除市场外因素的干扰，并在良好的政治和经济氛围中化解可能的风险。

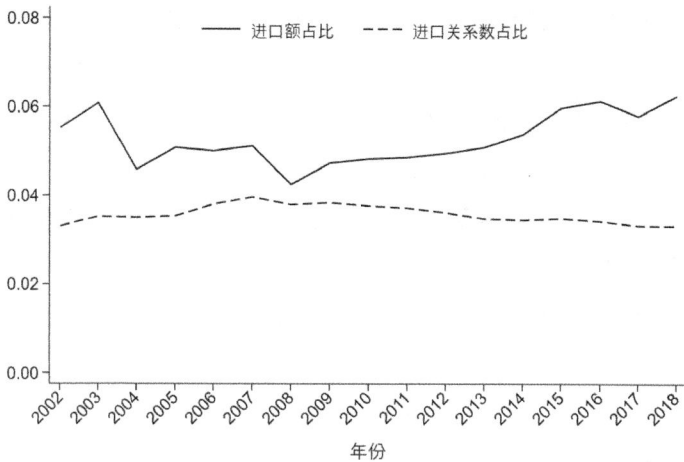

图 6-3　"一带一路"国家从中国进口农产品的份额

数据来源：作者根据 CEPII-BACI 数据计算得到。

为了考察中国对于"一带一路"国家农产品进口的重要性，需进一步分别考察中国农产品出口额和出口关系数占"一带一路"国家进口总额和关系数的比重。从图 6-3 可以看出，在 2002—2017 年间"一带一路"国家农产品从中国进口额占从世界总进口的比重较高，均值达到 5.27%，但从中国的农产品进口额占比变动表现出了明显的阶段性，在 2008 年之前逐渐降低，此后又逐渐增长至 2018 年的 6.25%。这与 2008 年之后对"一带一路"国家出口占总出口比重的增加趋势一致，说明金融危机以后中国和"一带一路"国家在农产品贸易中对彼此的重要性都有所提升。可见，在未来中国和"一带一路"国家的农产品出口必将有着更为紧密的合作。从"一带一路"国家进口的角度来看，随着沿线国家经济水平的持续发展和对世界农产品贸易参与度的不断提升，"一带一路"国家农产品贸易的自由化水平也在逐渐提高。"一带一路"国家中绝大部分都是 WTO 成员方，截至 2017 年底已经有 160 多个国家签订了 FTA（黄水灵，2019）。但值得注意的是，沿线国家的农业发展水平不一，许多国家的关税仍然较高，并且农产品贸易成本也受基础设施水平落后等因素影响而仍然较高，因此仍有较大的农产品贸易潜力有待释放（刘洪铎和蔡晓珊，2016）。

"一带一路"国家农产品从中国进口关系数占从世界进口的比重为
3.58%，比进口额占比的均值低 1.69%。相比而言，进口关系数占比的变动
幅度较小，但值得注意的是 2008 年以后呈现出了轻微的下降趋势，这与进
口额占比的表现有一定区别。其原因在于 2008 年以来中国向"一带一路"
国家农产品出口关系的数量增长较慢，而"一带一路"国家进口关系却仍
在快速增加。从中国对"一带一路"国家的农产出口来看，随着"一带一
路"国家农业贸易自由化水平的提升，中国与"一带一路"国家之间农产品
贸易成本也逐渐下降。根据世界银行的 Trade Costs Dataset 数据库，2002—
2015 年间中国与"一带一路"国家的农产品贸易成本的数值从 312.52 下降
到了 278.73，下降幅度达到了 10.81%（刘宏曼和王梦醒，2018）。而且，中
国自 2013 年以来与"一带一路"国家开始了全方位的农业合作，内容上涵
盖了投资合作、技术交流以及基础设施一体化建设等多个方面，建立起多
层次多渠道的农产品贸易机制。这些有利因素将有助于进一步提升中国与
"一带一路"国家农产品贸易的自由化水平和发展潜力。此外，"十三五"规
划已经明确提出积极同"一带一路"沿线国家和地区商建自由贸易区，在
两大战略的共同推动下双方农产品贸易也将迎来更多新的合作。最后，更
大的出口关系增长空间对于中国是一种机遇，但细分产品之间出口关系数
动态变化与出口总额之间的互动规律也值得进一步探讨。

6.2 贸易关系视角下二元边际的初步观察

为了在出口关系层面上对中国的农产品出口进行更清晰的定位与更
深入的分析，本书选取美国、德国、印度和巴西为参照国进行对比分析。
从贸易额来看，2018 年"一带一路"国家农产品总进口的 28.71% 来源于
中国和参照国，其中美国、中国、巴西、印度和德国的占比分别 8.40%、
6.25%、4.98%、4.74% 和 4.35%，五个国家为 2018 年"一带一路"国家的
前五大农产品进口来源国。同时，参照国中美国和德国为发达国家，巴
西和印度为发展中国家，各国农业发展的阶段、相对于"一带一路"国
家的地理位置等条件都各有不同，可以为中国农产品出口提供更全面的
参考。

6.2.1 贸易关系视角下的扩展边际

1. 贸易关系数量情况

扩展边际立足于贸易的广度，本书从贸易关系的层面展开，因此在对出口增长的二元边际正式进行分解之前对能够反映各国向"一带一路"国家出口关系广度的指标进行初步分析。表6-1为五国向"一带一路"国家农产品出口关系的基本情况。其中，新关系数指的是在前一年不存在而在当年新建立的贸易关系，而新关系占比为其占当年总关系数的比重。类似地，中断关系是指当年发生而下一年不存在的贸易关系数量，中断关系占比则是其占当年总关系数的比重。

基于表6-1的结果可以发现，在国际贸易中存在大量的零值贸易。假设2002年中国向"一带一路"国家出口的690种产品中的每一种都出口至68个国家，那么可能的"进口国—产品"组合数为46920个，但实际只有7188个发生。2017年可能的"进口国—产品"组合数为41322个，仅比2002年时增加了1.38%，但实际发生的贸易关系数已经达到了12327个，增加了71.49%。这说明在中国向"一带一路"国家出口总额迅速增加的进程中伴随的是出口关系的迅速发展，但其路径并非在于出口国家数或者产品数的单方面增加，而主要依赖于已有出口国家和产品组合的内部扩张。在四个参照国中也呈现出类似的趋势，各国出口至"一带一路"沿线地区的国家数或产品数的变动都较小，但贸易关系数都经历了较快的增长。从贸易关系总量来看，中国处于中间位置。德国和美国最多，其中德国虽然出口总额低于美国，但贸易关系数却始终高于美国，2017年德国向"一带一路"国家出口关系数为16950个，远高于美国的12957个。印度和巴西的贸易关系数最少，虽然从贸易总额来看巴西是向"一带一路"国家出口的第三大国，但每年的出口关系数均不及印度的一半。巴西属于热带国家，可以向"一带一路"国家出口的农产品种类较少，平均每一个贸易关系带来的贸易额更高。总体上，2002—2017年间五国向"一带一路"国家出口关系数量都实现了快速增长，其中中国的贸易关系总数低于美国和德国，但增长速度却更高。

五国每年向"一带一路"国家出口关系中的大约20%在第二年中断，

可见各国向"一带一路"国家出口关系总量稳步增长的同时也伴随着已有关系的大量中断，传统的二元边际分解方法中将其忽略，这一做法值得商榷。从国家间差异来看，和贸易关系总量相反，德国和美国的中断关系占比最低，印度和巴西最高。新关系数与总关系数同步增长，以 2017 年为例，中国向"一带一路"国家出口的 12327 个贸易关系中有 2557 个是新建立起来的，占比约为五分之一，可见中国向"一带一路"国家出口关系扩张仍然处于活跃的发展状态。中国新关系比重和印度、巴西相近，高于美国和德国，其中 2017 年德国新关系占比仅为 13.6%。其原因可能在于德国和美国等发达国家农产品贸易起步较早，在全球范围内的贸易分销网络更为成熟，已经将多数高潜力、更为互利的贸易关系提前建立起来，而发展中国家仍然处于贸易网络快速建立和发展的阶段。值得指出的是，作为发展中国家，中国向"一带一路"国家出口总关系数、新关系数高速发展的同时，已有关系的中断比例相对较低，和美国基本持平，说明高速发展的出口关系中的生存情况相对较为良好。

表 6-1　各国向"一带一路"国家农产品出口关系情况

出口国	年份（年）	国家数（个）	产品数（个）	总关系数	中断关系数	中断关系占比	新关系数	新关系占比
中国	2002	68	690	7188	1531	0.213	2187	0.304
	2009	71	689	11205	2219	0.198	2385	0.213
	2017	71	670	12327	2334	0.189	2557	0.207
美国	2002	68	737	10577	2412	0.228	2522	0.238
	2009	71	714	12095	2385	0.197	2417	0.200
	2017	71	692	12957	2585	0.200	2551	0.197
德国	2002	68	726	12235	2435	0.199	2706	0.221
	2009	70	712	15322	2136	0.139	2471	0.161
	2017	70	702	16950	2126	0.125	2306	0.136

续表

出口国	年份（年）	国家数（个）	产品数（个）	总关系数	中断关系数	中断关系占比	新关系数	新关系占比
印度	2002	66	654	6277	1786	0.285	2124	0.338
	2009	70	674	8714	2117	0.243	2053	0.236
	2017	70	659	10004	1872	0.187	2153	0.215
巴西	2002	62	367	2194	537	0.245	785	0.358
	2009	69	419	3290	898	0.273	841	0.256
	2017	70	454	3290	844	0.257	910	0.277

数据来源：作者根据 CEPII-BACI 数据计算得到。

2. 贸易关系利用率

以往研究中扩展边际的定义多为产品种类数或是贸易关系的绝对数量，然而由于零值的存在，贸易关系的绝对数量并不能反映一个国家对于实际发生的贸易关系的利用情况。比如，t 年 A 国将产品 k_m 和 k_n 分别出口至 2 个国家，B 将产品 k_p 和 k_q 分别出口至 3 个国家，且同年世界上各有 4 个国家进口产品 k_m 和 k_n，各有 12 个国家进口 kp 和 kq。从绝对数量上来看，B 国实际发生的贸易关系数为 6 个，比 A 国的 4 个更多。但实际上 B 国潜在的对象为 24 个，因此有 25% 的贸易关系实际发生，反而低于 A 国的 50%。

为了考察贸易关系的利用情况，令所有农产品的集合为 K，世界所有国家的集合为 W，"一带一路"国家的集合为 S。定义 P_i^{kt} 来反映出口国 i 在 t 年向世界出口产品 k 的情况：

$$P_i^{kt} = \begin{cases} 1 & if\ V_{ij}^{kt} > 0,\ \exists\ j \in W \\ 0 & if\ V_{ij}^{kt} = 0,\ \forall\ j \in W \end{cases} \tag{6-1}$$

定义 P_i^{kt} 来反映进口国 j 在 t 年从世界进口产品 k 的情况：

$$P_j^{kt} = \begin{cases} 1 & if \ V_{ij}^{kt} > 0, \ \exists \ i \in W \\ 0 & if \ V_{ij}^{kt} = 0, \ \forall \ i \in W \end{cases} \quad （6-2）$$

定义 P_{ij}^{kt} 以表示一个可能的出口关系：

$$P_{ij}^{kt} = P_i^{kt} \cdot P_j^{kt} \quad （6-3）$$

进一步定义 A_{ij}^{kt} 来表示实际发生的出口关系：

$$A_{ij}^{kt} = \begin{cases} 1 & if \ V_{ij}^{kt} > 0 \\ 0 & if \ V_{ij}^{kt} = 0 \end{cases} \quad （6-4）$$

则 i 国在 t 年向 "一带一路" 国家出口关系利用率为：

$$Utilization_{it} = \frac{Active_{it}}{Potential_{it}} = \frac{\sum_{k \in K} \sum_{j \in S} A_{ij}^{kt}}{\sum_{k \in K} \sum_{j \in S} P_{ij}^{kt}} \quad （6-5）$$

通过图 6-4 可以看出，中国的出口关系利用率始终在第三位，低于德国和美国而高于其他两个发展中国家。从增速来看，中国 2002 年的出口关系利用率为 21.85%，2018 年为 31.41%，增加了 9.56%。2018 年中国相比德国仍有一定差距，但追赶势头明显，在缩小与美国差距的同时，对印度的优势也在逐渐拉大。2002 年中国出口关系利用率比美国低 8.69%，到 2018 年差距已经缩小到 0.39%。与此同时，中国相比印度的优势从 1.83% 增加到 4.41%。总体来看，中国的出口关系利用率在五个国家中增速最高，在其他国家中，德国和印度的增长也较快，而美国和巴西几乎未变。这也许是因为 "一带一路" 国家大多位于欧亚大陆之上，中国、德国和印度具有更好的区位优势。通过与表 6-1 的对比不难发现，虽然中国实际出口关系总数的增速低于巴西和印度，利用率的增速却更高。这一定程度上得益于中国在新关系快速建立的同时中断比例又相对较低，也反映出中国向 "一带一路" 国家农产品出口关系良好的增长态势和巨大潜力。

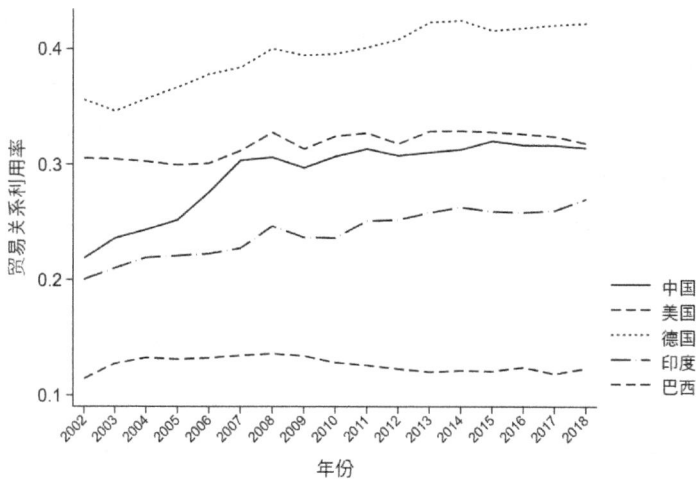

图 6-4 各国向"一带一路"国家农产品出口关系利用率

数据来源：作者根据 CEPII-BACI 数据计算得到。

6.2.2 贸易关系视角下的集约边际

集约边际的分析主要包含两个维度，首先是已有关系生存或者中断的情况，通过生存率来体现。其次是原有出口关系上出口额的增长，也就是深化情况。

1. 生存情况

在这一部分中采用生存分析中的 Kaplan-Meier 法（以下简称 K-M 法）来考察集约边际中贸易关系的生存。如表 6-2 所示，德国向"一带一路"国家出口农产品的关系持续时间的均值和中位数最高，分别为 3.267 年和 2 年；中国次之，分别为 2.809 年和 1 年。美国和印度较为接近，巴西最低。与已有其他研究的结论较为相近，各国农产品出口关系持续时间都较短，这与表 6-1 中出口关系中断比例的趋势一致。如图 6-5 所示，从生存率来看，各国生存率曲线均随时间增加下降，且下降速度随时间而减慢。以中国为例，51.4% 的出口关系生存了 1 年以上，这意味着高达 48.6% 的出口关系仅维持了 1 年。20.8% 的出口关系持续了 5 年以上，说明 30.6% 的出口关系在第 2 年到第 5 年内中断，只有 8.6% 的出口关系在第 5 年到第 15 年间中断。这表明出口关系的生存具有门槛效应，只要在出口关系的前 5 年

105

生存下来，后期中断的概率就会大幅下降。另外，基于这种出口持续时间分布的不对称性，处于不同生存时间的贸易关系对贸易额的贡献也可能有所不同，因此将出口关系持续时间纳入二元边际的分析是有必要的。

表 6-2 各国向"一带一路"国家农产品出口关系生存情况

国家	生存时间		生存率			
	均值	中位数	1 年	5 年	10 年	15 年
中国	2.809	1	0.514	0.208	0.141	0.122
美国	2.660	1	0.503	0.191	0.126	0.103
德国	3.267	2	0.557	0.263	0.198	0.179
印度	2.688	1	0.509	0.201	0.137	0.118
巴西	2.389	1	0.482	0.167	0.100	0.078

数据来源：作者根据 CEPII-BACI 数据计算得到。

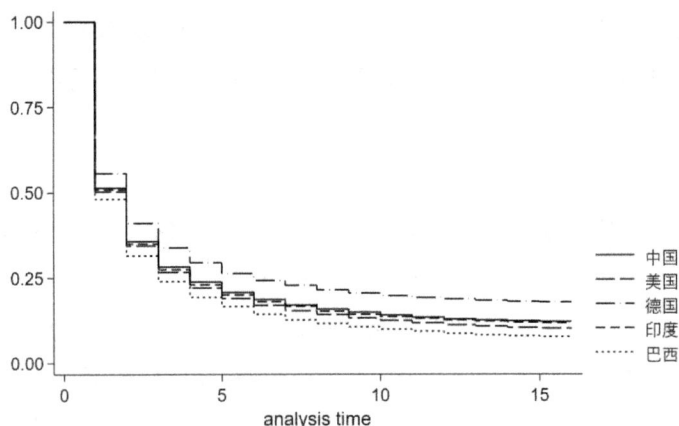

图 6-5 各国向"一带一路"国家农产品出口关系生存率曲线

数据来源：作者根据 CEPII-BACI 数据计算得到。

2. 深化情况

在表 6-3 第 1—4 列中首先对 2002—2018 年间始终生存的出口关系深化情况进行分析，其中第 1 列为 2018 年各国此类贸易关系出口额占出口总

额的比重；第 2 列为 2018 年各国此类出口关系数占关系总数的比重；第 3
列为历年此类关系出口额增长率的平均值；第 4 列为增长率的中位数。进
一步，在每两个相邻年份中考察生存下来的出口关系贸易额增长情况，第
5 列和第 6 列分别为历年增长率的均值和中位数。

从数量占比来看，2002—2018 年中国共有 3166 个贸易关系从开始就
一直存在，仅占 2018 年贸易关系总数的 25.95%。横向来看，中国的占比
低于德国和美国，但高于印度和巴西。从出口额占比来看，数量贡献和贸
易额不匹配。占总数四分之一左右的贸易关系贡献了超过五分之四的贸易
额，这一方面说明中国的这些关系相当稳固可靠，但另一方面也说明新关
系的增长贡献不足。同时这一结果也表明，与前文 K–M 分析所揭示的一
致，出口持续时间不仅在分布上不对称，对于贸易额的贡献也存在差异。
另外，从年均增长率来看，总体上印度最高，中国和巴西相近，美国和德
国最低。印度的关系深化情况超过了中国和德国，通过与生存分析结果的
对比可以发现，同为向"一带一路"国家出口的发展中大国，印度集约边
际的增长更多地依赖于已有贸易关系上的深化，而对于中国而言贸易关系
持续的贡献更大。

表 6-3 各国向"一带一路"国家农产品出口关系深化情况

国家	在 2002—2018 年间始终生存的出口关系				在相邻年份生存的出口关系	
	出口额占比	数量占比	增长率的均值	增长率的中位数	增长率的均值	增长率的中位数
中国	0.8246	0.2595	0.1266	0.1351	0.1115	0.096
美国	0.7752	0.3133	0.0912	0.089	0.0896	0.0753
德国	0.8329	0.3631	0.1134	0.0998	0.1052	0.0758
印度	0.7484	0.2234	0.1421	0.1431	0.1362	0.1311
巴西	0.7184	0.1764	0.1031	0.1032	0.0976	0.1012

数据来源：作者根据 CEPII-BACI 数据计算得到。

6.3 二元边际分解

6.3.1 分解方法

令 V_t 为一国 t 年出口总额，n_t 为出口关系数，v_t 为每个关系的平均出口额，即有 $V_t = n_t v_t$。考察 t 年前后一年的情况，从来源看，设 s_t 为从 $t-1$ 年生存下来的关系数，而 e_t 为 t 年新建立起来的关系数，则 $n_t = s_t + e_t$；从去向看，在 t 年有 s_{t+1} 个出口关系生存至 $t+1$ 年，b_t 个出口关系在 t 年中断，则 $n_t = s_{t+1} + b_t$。出口额的变化为：

$$V_{t+1} - V_t = n_{t+1}v_{t+1} - n_t v_t = s_{t+1}(v_{t+1} - v_t) - b_t v_t + e_{t+1}v_{t+1} \quad (6\text{-}6)$$

可见，从 t 年到 $t+1$ 的出口增长由三部分构成：生存下来关系的变化量 $s_{t+1}v_{t+1} - v_t$、旧关系中断的损失 $-d_t v_t$ 以及新关系建立的增长 $e_{t+1}v_{t+1}$。Besedeš and Prusa（2013）仅仅将贸易额的增长进行分解，本书在其基础上进一步得到增长率的分解式：

$$g_{t+1} = \frac{V_{t+1} - V_t}{V_t} = \underbrace{(1 - h_{t+1})}_{\text{出口生存}} \underbrace{\frac{(v_{t+1} - v_t)}{v_t}}_{\text{出口深化}} - \underbrace{h_{t+1}}_{\text{出口退出}} + \underbrace{\frac{e_{t+1}}{n_t}}_{\text{出口进入}} \frac{v_{t+1}}{v_t} \quad (6\text{-}7)$$

其中 $h_{t+1} = \frac{b_t}{n_t}$，含义为 t 年出口但 $t+1$ 年退出的概率即风险率，对应地，$(1-h_{t+1})$ 为贸易关系从 t 年继续生存至 $t+1$ 年的概率即生存率。但是这一分解方式较为粗略，因此继续考虑 HS2 分位层面上的行业 $z \in Z$ 和贸易关系已经生存的时间 $i \in I$ 的差异，总体出口额的增长为：

$$V_{t+1} - V_t = \sum_Z \left\{ \sum_I \left[\underbrace{(1 - h_{zi,t+1})}_{\text{出口生存}} \underbrace{\frac{v_{zi,t+1} - v_{zi,t}}{v_{zi,t}}}_{\text{出口深化}} n_{zi,t}v_{zi,t} - \underbrace{h_{zi,t+1}}_{\text{出口退出}} n_{zi,t}v_{zi,t} \right] + \underbrace{e^0_{z,t+1}}_{\text{出口进入}} v^0_{z,t+1} \right\} \quad (6\text{-}8)$$

其中，$v_{zi,t}$ 和 $v_{zi,t+1}$ 分别为 z 行业生存时间为 i 的贸易关系在第 t 年和 $t+1$ 年的平均出口额，$n_{zi,t}$ 为 z 行业中生存时间为 i 的出口关系在 t 年的出口关系总数，$h_{zi,t+1}$ 为其中断的概率，$e^0_{z,t+1}$ 和 $v^0_{z,t+1}$ 为 z 行业在 $t+1$ 年新开始的出口关系数和平均出口额。进一步，可以得到总体增长率：

$$g_{t+1} = \sum_Z \left\{ \sum_I \left[\underbrace{SURV_{zi,t}}_{\text{出口生存}} \underbrace{DEEP_{zi,t}}_{\text{出口深化}} \alpha_{zi,t} - \underbrace{(1 - SURV_{zi,t})\alpha_{zi,t}}_{\text{出口退出}} \right] + \underbrace{ENTER_{z,t} f_{z,t}}_{\text{出口进入}} \right\} \quad (6\text{-}9)$$

在上式中，$\text{SURV}_{zi,t}=(1-h_{zi,t+1})$ 反映了出口生存和退出情况；$DEEP_{zi,t}$ $=\frac{v_{zi,t+1}-v_{zi,t}}{v_{zi,t}}$ 反映了出口深化情况；$ENTER_{z,t}=\frac{e^0_{z,t+1}}{n_t}$ 反映了出口进入的情况；$\alpha_{zi,t}=\frac{n_{zi,t}v_{zi,t}}{n_t v_t}$，$f_{z,t}=\frac{v^0_{z,t+1}}{v_t}$。

6.3.2　分解结果

通过表6–4的结果可以发现，贸易关系中断带来的损失不可忽略。以中国2017年为例，中国农产品出口实际增长率为9.01%，持续生存出口关系的贡献率为11.08%，其权重为122.96%，而出口中断带来的损失占到了出口额总变化的 –28.45%。其他四国的情况总体上也与中国类似，出口关系中断带来的损失由持续生存的关系和新建立的关系来弥补，而其中持续生存的部分带来的增长占据了最为重要的部分，甚至出现了超过实际总增长的情况。通过与表6–1各国中断关系数量占比的对比可以发现，总体而言中断带来的出口额损失比出口关系数量的损失更大。此外，出口中断的权重呈现出一定的波动特征，这也表明出口增长的平稳性也可能受到出口关系中断的影响。

本书在二元边际的分析框架中引入贸易关系生存的视角，而出口关系的生存情况同时决定了生存的出口关系带来的增长和中断部分带来的损失，因此定义二者之和为集约边际，而新建贸易关系带来的出口变化为扩展边际。2017年，中国农产品出口增长中的5.49%来自扩展边际。在考虑贸易关系的生存和中断之后，二元边际中的扩展边际对农产品出口增长的贡献小于集约边际。此外，通过对比可以发现，中国扩展边际的贡献权重与其他国家相比偏低，表明中国在新出口关系扩展方面仍然有待提高。综合五国的样本来看扩展边际的贡献权重同样表现出一定的波动性。

表6-4　各国向"一带一路"国家农产品出口增长二元边际的分解

国家	年份	增长率	持续的关系		中断的关系		新建的关系	
			贡献率	权重	贡献率	权重	贡献率	权重
中国	2002	0.263	0.265	1.006	−0.060	−0.228	0.058	0.222
	2009	0.262	0.286	1.092	−0.037	−0.143	0.013	0.050
	2017	0.090	0.111	1.230	−0.026	−0.284	0.005	0.055
美国	2002	0.078	0.116	1.493	−0.067	−0.867	0.029	0.374
	2009	0.249	0.273	1.097	−0.052	−0.209	0.028	0.112
	2017	0.180	0.210	1.163	−0.035	−0.193	0.005	0.030
德国	2002	0.187	0.204	1.090	−0.057	−0.302	0.040	0.212
	2009	0.099	0.098	0.982	−0.037	−0.371	0.039	0.389
	2017	−0.002	0.014	−7.311	−0.023	11.603	0.006	−3.292
印度	2002	0.053	0.097	1.855	−0.104	−1.985	0.059	1.130
	2009	0.310	0.335	1.082	−0.070	−0.227	0.045	0.145
	2017	0.150	0.166	1.104	−0.027	−0.181	0.012	0.077
巴西	2002	0.221	0.245	1.111	−0.063	−0.284	0.038	0.173
	2009	0.221	0.282	1.274	−0.076	−0.344	0.016	0.070
	2017	−0.137	−0.093	0.674	−0.053	0.388	0.009	−0.062

注：第2列为出口额的实际增长率；第3列中贡献率的含义为持续生存的出口关系带来的出口额增长占前一年增长总额的比重，而第4列为持续生存出口关系的贡献率占实际出口增长率的比重，第5—第8列的情况与之类似。

6.4 反事实分析

持续出口关系的增长可以进一步分解为生存和深化两个部分，由于公式（6-9）无法直接给出二者重要性的对比，因此借鉴 Besedeš and Prusa

（2013）的研究成果，通过反事实的方式进行分析，将生存率$SURV_{zi,t}$换成其反事实值$SURV_{zi,t}^{CF}$，可得出口生存的反事实增长率：

$$g_{t+1}^{CF,SURV} = \sum_Z \left\{ \sum_I \left[\underbrace{SURV_{zi,t}^{CF}}_{\text{出口生存}} \underbrace{DEEP_{zi,t}}_{\text{出口深化}} \alpha_{zi,t} - \underbrace{(1-SURV_{zi,t}^{CF})\alpha_{zi,t}}_{\text{出口退出}} \right] + \underbrace{ENTER_{z,t}\, f_{z,t}}_{\text{出口进入}} \right\} \quad (6\text{-}10)$$

同理可得出口深化和出口进入的反事实增长率：

$$g_{t+1}^{CF,SURV} = \sum_Z \left\{ \sum_I \left[\underbrace{SURV_{zi,t}^{CF}}_{\text{出口生存}} \underbrace{DEEP_{zi,t}}_{\text{出口深化}} \alpha_{zi,t} - \underbrace{(1-SURV_{zi,t}^{CF})\alpha_{zi,t}}_{\text{出口退出}} \right] + \underbrace{ENTER_{z,t}\, f_{z,t}}_{\text{出口进入}} \right\} \quad (6\text{-}11)$$

$$g_{t+1}^{CF,SURV} = \sum_Z \left\{ \sum_I \left[\underbrace{SURV_{zi,t}^{CF}}_{\text{出口生存}} \underbrace{DEEP_{zi,t}}_{\text{出口深化}} \alpha_{zi,t} - \underbrace{(1-SURV_{zi,t}^{CF})\alpha_{zi,t}}_{\text{出口退出}} \right] + \underbrace{ENTER_{z,t}\, f_{z,t}}_{\text{出口进入}} \right\} \quad (6\text{-}12)$$

进一步分别得到出口生存、出口深化和出口进入视角下反事实增长率与实际增长率的差值：$\Delta g_{t+1}^{CF,SURV} = g_{t+1}^{CF,SURV} - g_{t+1}$、$\Delta g_{t+1}^{CF,DEEP} = g_{t+1}^{CF,DEEP} - g_{t+1}$和$\Delta g_{t+1}^{CF,ENTER} = g_{t+1}^{CF,ENTER} - g_{t+1}$。

反事实采用了三种方案，在图6-6（a）中将中国各年实际的生存率（$SURV_{zi,t}$）、深化率（$DEEP_{zi,t}$）和进入率（$ENTER_{zi,t}$）分别提高50%。图6-6（b）和图6-6（c）中根据前文结果分别选取出口增长表现较好的德国和印度作为参照国，将中国的指标进行替换后得到反事实值，其中德国的生存情况优于中国，而印度的深化情况更好。图中三条曲线分别代表公式（6-10）—（6-12）中的$\Delta g_{t+1}^{CF,SURV}$、$\Delta g_{t+1}^{CF,DEEP}$和$\Delta g_{t+1}^{CF,ENTER}$。如图6-6（a）所示，假如中国向"一带一路"国家农产品出口关系的生存率、深化率和进入率分别增加50%，那么反事实年均增长率比实际值分别增加5.24%、6.91%和1.04%。将中国的深化率替换为德国的数值，那么增长率会比实际值分别平均高出8.28%，而生存率和进入率的反事实值则平均会下降0.04%和0.52%。生存率的反事实增长值比基于中国的结果更低，原因可能在于中国与德国的农产品比较优势和出口结构不同，两国不同产品占出口额的比重有一定差异。对于基于印度的反事实结果，进入率的反事实增长率平均比实际值低1.44%，而深化率和进入率的反事实增长率平均比实际值高15.25%和0.32%，这一结果与印度在深化率方面的优势相一致。

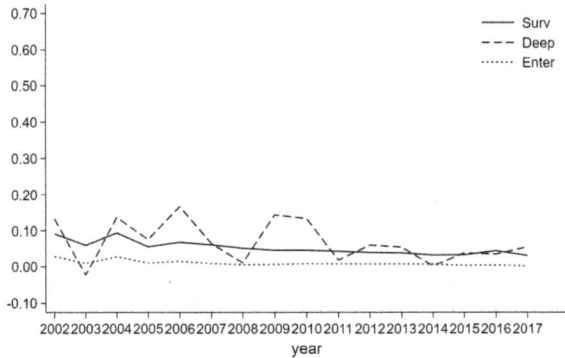

（a）基于中国自身的反事实

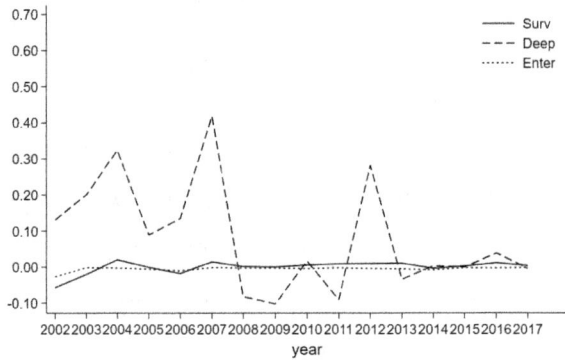

（b）基于德国的反事实

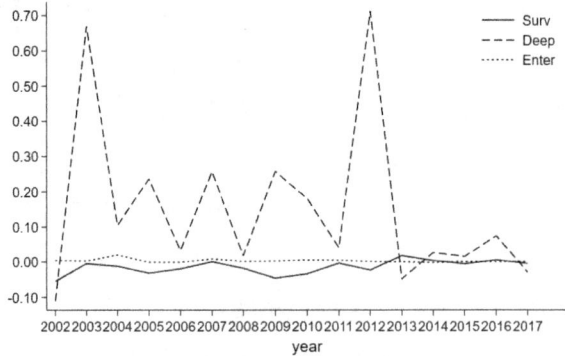

（c）基于印度的反事实

图 6-6　二元边际的反事实分析

数据来源：作者根据 CEPII-BACI 数据计算得到。

　　总体来看，三种反事实中深化率带来的增长幅度最大，生存率次之，进入率最低。根据公式（6-9）的结果可知，生存率和深化率共同决定了集约边际，因此这一结果也与表6-4中二元边际的分解一致，集约边际不仅在分解结果中表现出更高的贡献，在反事实分析中也同样更为重要。从进入率的角度来看，Segura-Cayuela and Vilarrubia（2008）也认为企业出口往往在贸易关系开始的阶段通过试错的形式展开，这在一定程度上解释了新出口关系在初期为何对出口增长做出的贡献较低。但需要指出的是，扩展边际对出口增长的直接贡献低并不能意味着其并不重要，由于贸易关系中断的大量发生，只有新关系的不断加入才能为贸易增长注入新的活力。

　　通过对比可以发现，三种情形下深化率增加带来的反事实增长都比生存率更高，但同时波动性也更大。可见生存率的提升不仅能够促进集约边际的增长，还可以减少出口中断带来的损失，也就有助于提高贸易增长的稳定性。这一结果也为解释目前农产品出口增长的波动性提供了新的视角。从微观层面看，由于农产品出口关系的建立需要付出前期的沉没成本，短暂的贸易持续时间不仅造成了资源浪费，也使企业更难以预判出口成本和风险，增大了出口增长的不确定性（朱晶等，2017）。可见，较长的贸易关系持续时间是实现贸易持续稳定增长的重要因素。中国向"一带一路"国家的农产品出口主要沿集约边际增长，也就是主要落在已有的出口关系上。为了保证稳定的增长，在贸易关系存在大量中断的情况下，既要在良好合作的旧关系上提高贸易额，也要提高已有关系的生存率。

6.5 中国向"一带一路"各地区农产品出口的二元边际和反事实分析

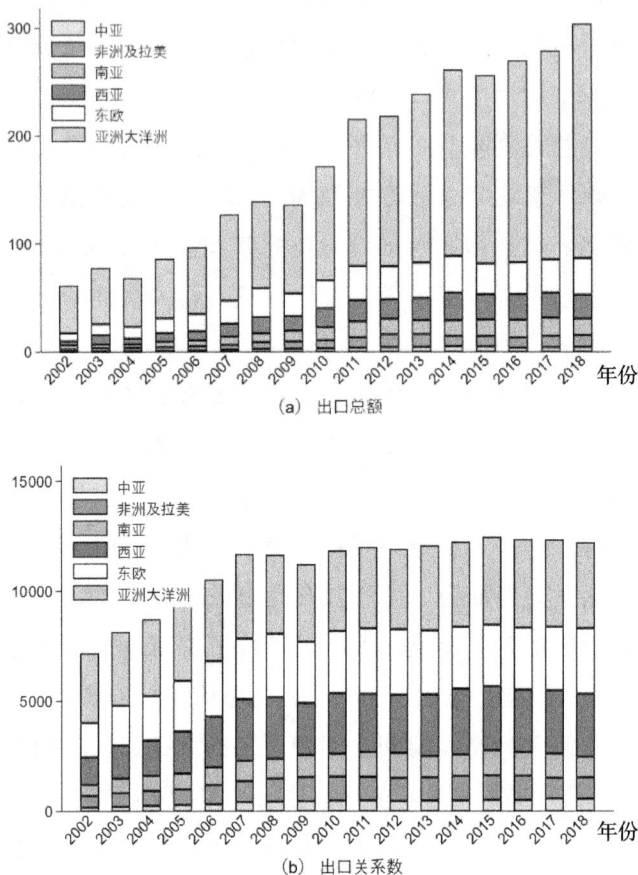

（a）出口总额

（b）出口关系数

图 6-7　中国向"一带一路"各地区农产品的出口额和出口关系

数据来源：作者根据 CEPII-BACI 数据计算得到。

参照《"一带一路"贸易合作大数据报告（2018）》，将"一带一路"国家根据地理位置、国家数量等因素划分为中亚、非洲及拉美、南亚、西亚、东欧和亚洲大洋洲六个地区。2018 年中国向各地区农产品出口额的排名由高到低依次是：亚洲大洋洲、东欧、西亚、南亚、非洲及拉美、中亚。各地区中，中国向亚洲大洋洲农产品出口总额始终占据了最大的份额，

2018年中国向亚洲大洋洲农产品出口总额占总出口的比重达到了71.49%，这是因为亚洲和大洋洲地处中国周边，始终是中国农产品贸易优先发展的地区。中国向其他五个地区的农产品出口总额相对较小，其中南亚地区的出口总额及增速都较低，而中亚和非洲及拉美的出口规模虽然较小但增速较高，2002—2018年间的平均增长率分别达到了32.21%和46.17%。

从出口关系数量来看，2018年中国向地区农产品出口关系数量排名依次是：亚洲大洋洲、东欧、西亚、非洲及拉美、南亚、中亚。中国向各地区出口关系数量的排序和出口额一致，但各地区之间的差异较小。2018年中国向亚洲大洋洲出口额是东欧的6.43倍，而出口关系总数只有1.30倍。与此同时，中国向东欧和西亚农产品出口关系数比较接近，而向南亚、非洲和拉美出口关系数也始终处于交替上升的状态。此外值得注意的是，中国向东欧和西亚出口关系的数量和增速都相对较高，其原因可能在于，西亚地区虽然水资源缺乏且气候恶劣，但与中国农产品出口的互补性在各地区中最高（别诗杰和祁春节，2019）。而东欧地区大部分是中高收入国家，对中国农产品的需求量较大，且近年来随着东欧地区经济的发展，中国与东欧各国的双边农产品贸易成本下降幅度相对于其他地区也更大（刘洪铎和蔡晓珊，2016）。

表6-5 中国向"一带一路"各地区农产品出口的二元边际分解

国家	年份	增长率	持续的关系		中断的关系		新建的关系	
			贡献率	权重	贡献率	权重	贡献率	权重
中亚	2002	0.144	0.128	0.890	−0.050	−0.348	0.066	0.458
	2009	0.081	0.135	1.665	−0.096	−1.191	0.043	0.526
	2017	0.048	0.062	1.300	−0.028	−0.583	0.014	0.283
非洲及拉美	2002	0.610	0.557	0.913	−0.075	−0.123	0.128	0.210
	2009	0.114	0.133	1.168	−0.042	−0.365	0.022	0.196
	2017	0.044	0.061	1.380	−0.026	−0.597	0.010	0.216

续表

国家	年份	增长率	持续的关系		中断的关系		新建的关系	
			贡献率	权重	贡献率	权重	贡献率	权重
南亚	2002	−0.101	−0.145	1.433	−0.020	0.199	0.064	−0.632
	2009	0.200	0.234	1.173	−0.052	−0.260	0.017	0.087
	2017	−0.101	0.020	−0.195	−0.127	1.261	0.007	−0.066
西亚	2002	1.239	0.773	0.624	−0.095	−0.076	0.561	0.452
	2009	0.334	0.341	1.020	−0.054	−0.162	0.048	0.142
	2017	−0.025	0.004	−0.158	−0.041	1.657	0.012	−0.499
东欧	2002	0.374	0.343	0.916	−0.027	−0.072	0.058	0.156
	2009	0.224	0.241	1.076	−0.027	−0.119	0.010	0.043
	2017	0.093	0.100	1.073	−0.017	−0.184	0.010	0.111
亚洲大洋洲	2002	0.180	0.224	1.245	−0.056	−0.310	0.012	0.065
	2009	0.286	0.304	1.062	−0.024	−0.084	0.006	0.022
	2017	0.123	0.140	1.131	−0.019	−0.152	0.003	0.021

注：第2列为出口额的实际增长率；第3列中贡献率的含义为持续生存的出口关系带来的出口额增长占前一年增长总额的比重，而第4列为持续生存出口关系的贡献率占实际出口增长率的比重，第5—第8列的情况与之类似。

在表格6-5中，分别对中国向"一带一路"内部各地区的农产品出口增长根据公式（6-9）进行分解。以2002年为例，中亚、非洲及拉美、南亚、西亚、东欧和亚洲大洋洲持续生存关系出口额增长占总额变化的比重分别为88.99%、91.28%、143.25%、62.40%、91.63%和124.50%，出口关系中断带来的损失占 −34.81%、−12.25%、19.90%、−7.62%、−7.23% 和 −31.02%，持续的出口关系仍然为出口额增长的最主要部分，出口关系对中国向各地区的出口也造成不可忽视的损失。此外，集约边际对于中国向各个地区农产品出口增长的贡献更大，而扩展边际的贡献较小且呈现出一定波动性。总体而言，分解结果与总体基本一致。

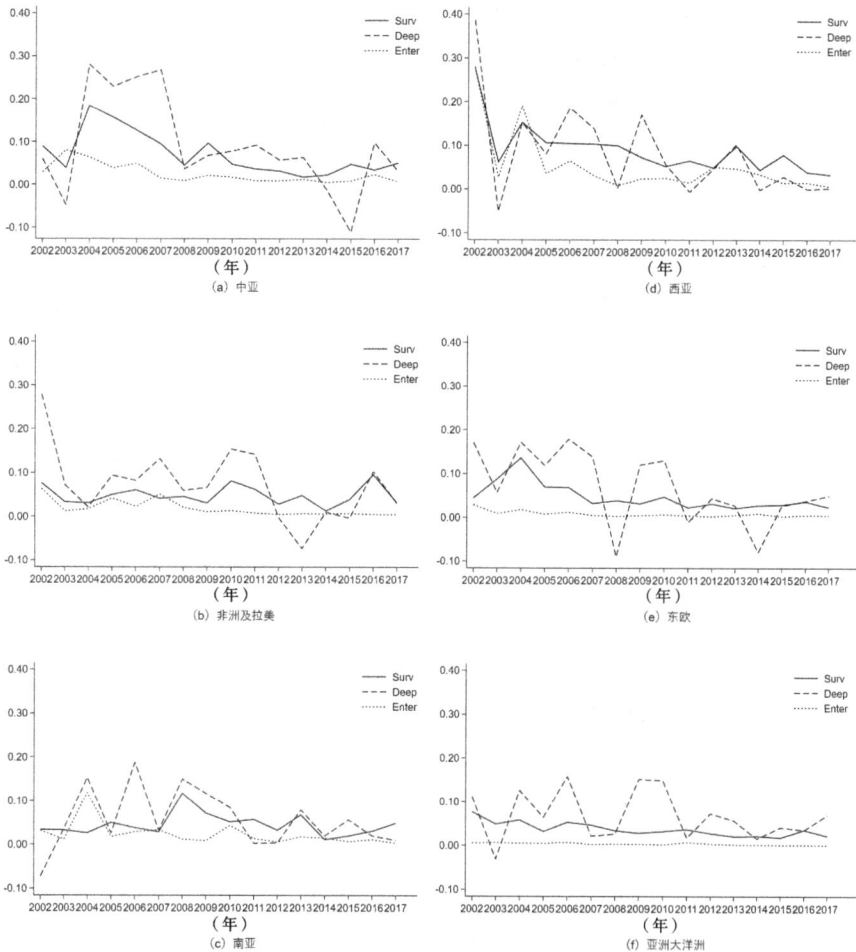

图 6-8 中国向"一带一路"各地区农产品出口二元边际的反事实结果

数据来源：作者根据 CEPII-BACI 数据计算得到。

进一步，采用总体样本中基于自身的方案，对于中国向"一带一路"各地区农产品出口增长进行反事实分析，结果如图 6-8 所示。可以发现，各个地区平均生存率、深化率和进入率的带来的反事实增长分别是 5.62%、7.29% 和 2.23%，其中，西亚地区生存率反事实增长略高于深化率。总体而言，反事实分析的基本结论总体样本一致，深化率增加带来的反事实增长最高，生存率次之，进入率最低。从图6-8中可以发现，六个地区份额中生存率的反事实增长曲线处于中间位置，且变动幅度较窄，分样本的结果也表明生存率增加带来的出口额增长相对而言更为稳定。

西亚和中亚地区的反事实增长率最高，二者的生存率、深化率和进入率反事实增长率在各个地区中均排名前二，其中西亚的三种反事实年均增长率在各个地区中分别排名第一、第二和第一。非洲、拉美和东欧地区的反事实表现也较好，且二者各项反事实增长的年均值较为接近。南亚和亚洲大洋洲的三项反事实增长率最低，其原因可能在于中国与这两个地区的交通比较便利且对经贸环境比较熟悉，目前总体上已经建立起较为稳定的出口关系网络，发展潜力也就相对较低。2018年中国向西亚和东欧的农产品出口总额分别在各地区中排名第三和第二，出口关系数分别排名第二和第三，尤其是2002—2018年间的出口关系数增长速度分别达到了7.96%和5.71%。可见，西亚和东欧有着较好的贸易基础和发展趋势。相比而言，中亚和非洲及拉美虽然反事实增长较高但总体出口规模较小。基于研究结果，从出口关系的角度考虑中国农产品出口，在总体上增加各地区生存率、深化率和进入率的基础上，可以优先发展西亚和东欧地区，尤其是可以通过生存率的增加在促进出口增长的同时提高增长的稳定度。

6.6 本章小结

"一带一路"国家从世界进口农产品需求稳定增长，中国向"一带一路"国家出口农产品总额和关系总数占向世界总出口的比重不断提升，而"一带一路"国家从中国进口农产品占从世界总进口的比重也在逐渐增大，中国和"一带一路"国家对彼此都越来越成为更重要的农产品贸易伙伴。在此背景下，本章利用CEPII-BACI数据库2002—2018年的HS6分位数据，将贸易关系的生存和中断纳入二元边际的分析框架，研究了中国向"一带一路"国家的农产品增长问题。

首先，通过中国与美国、德国、印度和巴西四个国家的对比，对各国向"一带一路"国家农产品出口关系的二元边际进行初步分析。结果显示，中国向"一带一路"国家农产品出口关系数量迅速增加，同时也伴随着大量的中断和新关系的开始。其中，中断关系约占到每年实际关系总数的 20%，在 2018 年存在的出口关系中，仅有 25.95% 为 2002 年以来始终存在，可见中国向"一带一路"国家农产品出口存在着大量的进入和退出现象。此外，相比于其他四国，中国的出口关系利用率增速最快，但生存率低于德国，深化率低于印度。总体而言，中国向"一带一路"国家农产品出口的集约和扩展边际都表现出了较大的潜力。

进一步，在考虑出口持续时间的情形下进行二元边际分解。研究结果表明，中国向"一带一路"国家农产品的出口增长主要来自集约边际，扩展边际带来的贡献较小。最后，利用中国自身、德国和印度作为基准进行反事实分析，发现出口深化率增加带来的反事实增长均值更高，但生存率增加带来的反事实增长更为稳定，进入率增加带来的反事实增长最小。最后，对中国向"一带一路"不同地区的出口进行分析，发现基本结论与基准结果一致，且中国向西亚和东欧的农产品出口增长更有潜力。

第七章　出口关系持续时间对中国农产品出口新市场进入的影响

基于本书第三章的分析可以发现，中国农产品出口关系总数在经过稳定扩张阶段后已经陷入停滞状态，在世界农产品出口关系总体中所占的份额也开始不断下滑。其中部分原因在于出口关系生存情况不佳带来的中断损失，另外也可能在于对出口关系新市场开拓的不足。农产品出口新市场开拓不仅关乎出口关系总数的增加，还直接为中国农产品出口增长提供了新的增长点，并且在不影响已有农产品出口总收入的情况下通过扩展出口关系网络的方式实现了出口市场多元化，从而降低了农产品出口收入波动的风险。尤其是面对当今全球农产品市场贸易保护主义盛行可能带来的农产品出口收入下行风险时，新市场进入对于扩展我国农产品贸易关系网络和稳定出口总收入都有着重要的意义。

为了实现农产品出口关系的进一步开拓，在国内农产品生产资源受限和成本不断升高的背景下，如何利用已贸易关系持续时间累积带来的出口经验来降低贸易环节面临的成本，并且实现对于农产品出口关系的新市场进入成为一个可行且重要的研究方向。

7.1 出口持续时间对农产品出口关系新市场进入的影响机制

农产品出口关系持续时间对新市场进入的影响主要可以通过以下三种机制实现。

第一，出口关系持续时间的增加降低了新市场进入所需要的沉没成本。农产品出口商为了开拓新市场必须付出了解市场信息和消费者偏好、熟悉出口对象国海关程序和贸易壁垒政策、适应当地法律和规范要求以及在当地建立分销和推广体系等一系列固定投入。农产品出口企业在已有关系中通过出口学习打破各种信息壁垒，并且这种出口学习效应是一个长期的过程，已有关系持续时间越长代表出口企业累积学习到的经验越为丰富（许昌平，2014）。因此，随着已有农产品出口关系持续时间的增加，出口企业考虑拓展出口关系时可以将已有经验和策略直接应用于新市场，由此减少从零开始所需要付出的时间和成本。

第二，随着出口关系持续时间的增加，出口商可以在不断累积的学习中降低出口交易所需成本中可变的部分。已有研究表明出口成本并未外生（Wang and Zhao，2013），在出口关系持续时间增加的过程中出口商的经验不断累积，但这一过程不仅是简单了解和适应外部成本，而是可以进一步在出口学习中不断提高和进步，全方位降低贸易各环节中的可变成本（陈勇兵等，2014）。农产品出口商决定是否进入新市场时需要通盘考虑自身生产率和面临的成本，可变成本随着已有关系持续时间的增加而不断降低，原本不能盈利的贸易关系从而有可能成为具备潜力和吸引力的出口关系，从而提升了进入新市场进入的可能。

第三，出口持续时间的增加降低了不确定性带来的负面影响。Nguyen（2012）认为出口企业面临的不确定性主要在于对市场需求和盈利能力的不确定性，出口持续时间的增加可以在较大程度上缓解这种不确定性的影响。然而农产品面临的不确定性还包括市场因素以外的风险，比如在目的国契约执行的风险、贸易政策不确定性甚至当地社会舆论以及地缘政治动向所带来的不确定性（张冀和孙浦阳，2016；周定根等，2019）。随着出口持续时间的增加，农产品出口企业能够更好地获取市场信息，从而更加理性科学地管控风险，避免由于外部不确定性而放弃对优质出口市场的开拓。

可见，出口持续时间的增加反映了出口学习的过程，然而通过学习效应来降低对潜在市场的出口成本时，这一作用并非对所有目标国家都是对称的。对于某种特定农产品，出口学习的过程不仅关乎贸易动因，也关乎对出口市场的选择。当企业基于已有经验选择出口市场时其路径也有迹可循，如果与潜在出口国在相似程度更高的市场中的出口关系持续时间较长，或者在潜在市场中对和当前产品相似度高的产品有着丰富的出口经验，那么出口学习的效果则会更强。因此，出口关系持续持续时间对农产品出口关系新市场进入的影响可能存在市场溢出和产品溢出两种机制，本书也会对此进行探讨。

7.2 中国农产品出口关系新市场进入的基本事实

7.2.1 数据来源

本书采用了 1995—2018 年期间 HS6 分位层面中国向其他国家农产品出口数据，样本数据来源于 CEPII-BACI 数据库（Guillaume and Zignago，2010），具体包括 168 个国家、778 种农产品。

数据处理过程中有两个情况需要说明：第一，数据删失问题。在持续时间的相关研究中涉及左删失难以解决的情况。对于左删失的贸易段，由于无法得知出口关系开始的准确时间从而影响测度的准确性，因此本书对左删失数据样本予以删除。第二，多持续时间段的问题，本书参考 Besedeš and Prusa（2006a）的做法，选择多个持续时间段的数据进行估计，将不同贸易段视为独立。

7.2.2 新市场进入情况基本描述

中国是农产品出口大国，每年出口的农产品种类丰富，因此本书将中国农产品出口关系的新市场进入定义为基期出口过的农产品种类进入以往不曾出口过的新市场的情况。同时，本书所定义的新市场进入实质上即为潜在贸易关系实现的过程。贸易关系是指一个出口国—产品—进口国的组合，针对特定出口国 j 和产品 k，如果从观察期首年到 $t-1$ 年始终都从未发生贸易，则认为其是一个潜在的出口关系。对于一个潜在的农产品出口关系而言，如果恰好在 t 年首次发生贸易，则定义其为出口国对产品 k 在 t 年实现对 j 国的新市场进入。具体地，为了识别出潜在的贸易关系，首先将1995—1998 年 4 年中曾经出口过的产品定义为基础产品，即老产品。根据以上定义对 1999—2018 年基于 HS6 分位数据的中国农产品出口关系新市场进入情况进行统计后得到的结果如表 7-1 所示。

基于表 7-1 的结果可以发现：首先，中国农产品出口关系新市场进入的发展空间较大，但1999—2018年间实现的比重仍然偏小。1999年中国农产品共有108022个潜在出口关系，到2018年时已经减少到70550个，下降幅度达到了34.68%。这反映出1999—2018年间中国农产品出口网络不断扩张的过程，与我国在这一期间农产品出口关系总量的增长趋势也较为一致。其次，从数值来看各年新市场进入的比例仍然较低，1999—2018年的均值仅为2.17%，各年新市场进入比例的最高值仍未超过3.5%，而最低时已经小于1.5%。最后，中国农产品新市场进入的比重在1999—2018年间呈现出先增加后下降的趋势，2001年入世以后经历了一段快速增长过程，新市场进入的份额从1.75%快速增长到2007年的3.40%，但在此后又逐渐降低，2015年开始已经跌回至比1999年更低的水平，而2018年中国农产出口关系新市场进入率的数值仅为1.23%。这一趋势与我国农产品口发展状况一致，入世以后出口关系快速扩张，但在2008年金融危机后逐渐减速。总体来看，中国农产品出口关系新市场进入的比例较低，已经呈现出明显的下滑趋势，这也为中国农产品出口关系的增长乏力提供了可能的解释。

表 7-1　中国农产品出口关系新市场进入的基本情况

年份	潜在关系	新市场进入	占比	年份	潜在关系	新市场进入	占比
1999	108022	1886	0.0175	2009	84493	2027	0.0240
2000	106136	2209	0.0208	2010	82466	1855	0.0225
2001	103927	2072	0.0199	2011	80611	1747	0.0217
2002	101855	2141	0.0210	2012	78864	1737	0.0220
2003	99714	2451	0.0246	2013	77127	1561	0.0202
2004	97263	2329	0.0239	2014	75566	1458	0.0193
2005	94934	2425	0.0255	2015	74108	1272	0.0172
2006	92509	2603	0.0281	2016	72836	1124	0.0154
2007	89906	3060	0.0340	2017	71712	1162	0.0162
2008	86846	2353	0.0271	2018	70550	871	0.0123

数据来源：作者根据 CEPII-BACI 数据计算得到。

7.2.3 平均出口关系持续时间的计算

对于一个特定的潜在农产品出口关系，由于中国此前未曾有过向该市场出口该产品的记录，因此需要根据中国对该产品的已有关系构建平均出口关系持续时间变量。为了研究持续时间对新市场进入的影响，首先应该明确如何计算已有关系的平均出口持续时间。

令 n 代表中国的潜在出口对象国，$n=1,2,3\cdots\cdots$，k 为某种 HS6 分位农产品，$k=1$，2，$3\cdots\cdots$。t 为年份，$t=1$，2，$3\cdots\cdots$令 j 为中国在 t 年的某个可能的出口国目的市场，J 是这些市场的合集。定义 Durationjkt 为 t 年中国向 j 国出口产品 k 的持续时间，x_{jkt} 为 t 年中国向 j 国出口 k 产品的出口额，x_{jt} 为中国 t 年向世界出口该产品 k 的总额。对于平均出口持续时间的测量，一种最简单的方法是将 t 年中国向所有 n 国以外的国家 j 的持续时间取均值，但这种做法并不能区分不同贸易关系的重要性。对于特定产地 k 产品，中国向不同国家 j 出口关系的重要性可能不同。为了衡量这种差异，引入中国向 j 国对于产品 k 的出口额作为出口权重。原因在于，在同等出口关系持续时间的情况下，农产品出口企业可以在出口额更高的贸易关系中学习到的经验更多。

$$Duration_{nkt} = \sum_{j=1}^{J} \frac{x_{jkt}}{x_{kt}} Duration_{kjt} \qquad (7-1)$$

为了考察出口持续时间对新市场进入的影响，首先通过描述性统计进行初步分析。在表 7-2 中对所有潜在的新市场进入关系对应产品平均出口关系持续时间进行观察，发现：

中国对样本中所有 1749445 个潜在出口关系贸易额加权的持续时间均值为 4.286 年，实现新市场进入的出口关系对应的持续时间均值为 5.413 年，比未实现的出口关系持续时间均值高出 1.152 年。同时，已实现新市场进入出口关系对应的持续时间中位数为 4.561 年，比未实现的出口关系高出 1.447 年。因此，相比于未实现新市场进入的潜在出口关系，已实现的潜在出口关系对应的平均持续时间更长，这反映出平均出口关系持续时间与新市场进入情况的正向关系，平均出口关系持续时间更长的样本更容易实现在出口关系的新市场进入。当然，这一结论仅基于变量的初步描述性统计，出口关系持续时间对于新市场进入的影响及机制仍有待实证回归分析部分的深入检验。

表 7-2　中国农产品平均出口关系持续时间的特征事实

	均值	中位数	标准差	观察值
潜在的新市场进入	4.286	3.152	3.725	1749445
未实现的新市场进入	4.261	3.114	3.724	1711102
已实现的新市场进入	5.413	4.561	3.551	38343

数据来源：作者根据 CEPII-BACI 数据计算得到。

7.3 模型设定和基准结果分析

7.3.1 模型设定

由于本书关注的是新市场进入情况，首先需要确定老产品的集合。借鉴黄先海和周俊子（2010），以整体观察期的前 4 年作为基期，将 1995—1998 年间中国有过出口记录的所有农产品作为老产品。对于潜在出口关系的界定，将我国 1999—2018 年间的老产品所对应的所有潜在出口关系作为样本总体，为每一个潜在关系设定一个二值变量 S_{nkt}，用于反映中国 t 年向 n 国产品 k 的潜在出口关系是否实现，即是否完成了出口关系的新市场进入，令：

$$S_{nkt} = \begin{cases} 1 & if\ x_{nkt} > 1 \\ 0 & if\ x_{nkt} = 0 \end{cases} \tag{7-2}$$

由于基期截至 1998 年，因此本书研究的潜在出口关系实际上从 1999 年开始。对于老产品的特定潜在出口关系是指 1995 年到 $t-1$ 年始终没有实际发生出口的出口关系。在 t 年进行观察，如果 t 年仍然没有发生贸易，即中国 t 年向 n 国出口产品的贸易额 x_{nkt} 为 0，则认为没有发生新市场进入；与此对应，如果 1995 年到 $t-1$ 年始终无出口但在 t 年首次出现 x_{nkt} 大于 0 的现象，则视为这一老产品 k 在 t 年对 n 国实现新的市场进入。

可见，本书关注的因变量即为 S_{nkt} 取值为 1 的概率，则回归方程可以表示为：

$$Pr(S_{nkt}=1) = \alpha + \beta Duration_{nkt} + \gamma X_{nkt} + \mu_{nkt} \qquad (7-3)$$

其中，$Duration_{nkt}$ 代表核心自变量平均出口持续时间，β 为其系数；X_{nkt} 为控制变量的合集，γ 为对应的系数；α 为常数项，μ_{nkt} 为误差项。

在控制变量方面，本书借鉴 Wang and Zhao（2013）、綦建红和冯晓洁（2014）已有的新市场进入方面的文献进行了选取，但已有相关文献大多只考虑了国家层面，由于本书关注的变量在产品层面，因此相比于已有文献本书增加了产品层面关于需求、供给和竞争力的控制变量。

在国家层面，传统的引力变量也可能对新市场进入产生影响。为了更好地体现出口成本，选取中国与潜在出口国的双边距离（ln dist）、出口对象国是否为内陆（Landlocked）三个变量。其中，双边距离越远则农产品运输的成本越高，而由于海运的成本更低，同种距离下一般向非内陆国家出口的运费较少。类似地，中国与拥有共同语言（Comlang）的国家在建立新贸易关系时的沟通和交易成本更低，实现新市场进入也就更容易，这三个变量均来自 CEPII 的引力数据库。从出口对象国的总体需求情况来看，在其他条件相同的情况下，经济规模（ln GDP）越大，则对方对农产品进口的需求也就更为旺盛，而根据林德定理，进出口双方的人均收入差距（ln GDPdif）越大则重叠的需求范围越小，也就不利于新出口关系的建立。GDP的相关数据来自世界银行 WDI 数据库，均采用2010年的不变价。此外，为了测度对应出口市场的固定贸易成本水平，采用经济自由度指数（ln Free）作为其代理变量，数据来源为美国传统基金会（The Heritage Foundation）。汇率变化率（Exchange_Rate）为中国对对象国双边汇率的变化率，采用间接标价法，其数值增大代表人民币相对该国货币升值，数据来源于 National Accounts Main Aggregates Database。原始数据为当年一国对美元的汇率，转换成和中国的双边汇率后可进一步计算得到双边汇率变化率。

在产品层面，基于 CEPII-BACI 的贸易数据得到三个控制变量。其中，为了更精确地反映特定产品的供需情况，采用了当年某种 HS6 产品的中国总出口额（ln TE）和出口对象国从世界的总进口额（ln TE）。显性比较优势（RCA）反映的是中国在国际市场上该产品的竞争力，数值越高则越有利于贸易关系的延续。其计算公式为：RCA =（Eipt /åp Eipt）/（åi Eipt/åpåi Eipt），其中 t 为年份，p 为特定 HS6 分位产品，i 为出口国，Eipt 为 i 国 p 产品在 t 年对世界的出口额。对于某种产品，如果中国对世界的供给量更充足、竞争优势越大，且进口国的需求也较大，那么潜在出口关系实现新市场进入的概率也就越高。各控制变量的描述统计由表 7-3 给出。

表 7-3　变量描述性统计

变量	观察值	均值	标准差	中位数	最小值	最大值
ln dist	1749445	9.07	0.459	9.118	6.862	9.868
Landlocked	1749445	0.209	0.406	0	0	1
Comlang	1749445	0.004	0.065	0	0	1
ln GDP	1726636	23.66	2.124	23.546	18.621	30.513
ln GDPdif	1726636	8.047	1.496	8.076	1.021	11.386
FTA	1749445	0.037	0.188	0	0	1
ln Free	1593488	4.05	0.193	4.066	2.747	4.502
Exchange_Rate	1742703	0.058	0.291	0.022	-0.479	12.872
ln TE	1749445	7.183	3.303	7.635	0	15.242
ln TI	1749445	2.689	3.059	1.599	0	15.083
RCA	1749445	0.567	1.335	0.078	0	17.997

7.3.2 基准回归结果

表 7-4 中采用 Logit 方法进行基准回归，第 1 列和第 2 列考察平均关系持续时间对于新市场进入的影响，自变量为公式（7-1）中以出口额加权的平均出口持续时间，其中第 1 列未加入地区、产品和年份固定效应，第 2 则加入以进行对比。在两列中持续时间的影响均为正且在 1% 的统计水平上显著，系数分别为 0.005 和 0.013，随着产品地区、产品和年份固定效应的加入，第 1 列中的 AIC 和 BIC 值分别从 304474 和 304633 下降到 292422 和 293293。第 1 列和第 2 列的结果验证了出口关系持续时间对于新市场进

入的促进作用。

各个控制变量的回归结果均显著而且系数方向和预期一致。国家层面的控制变量中，双边距离越大则我国向对方国家实现新市场进入的概率越高。我国同内陆国家建立新出口关系的可能性更低，而同具有共同语言国家之间的实现新市场进入可能性则更高。此外，我国出口关系新市场进入概率随着对方国家经济规模和经济自由度水平增大而提高，但人均收入水平差异和双边汇率波动的提高则会使中国农产品出口关系新市场进入的概率下降。产品层面，对于特定 HS6 分位产品，如果我国农产品出口额和显性比较优势越高、对方进口额越大则新市场进入的概率越高。

进一步，第 3 列在第 1 列的基础上加入中国农产品出口关系平均持续时间的平方项，而第 4 列则继续在第 3 列基础上加入地区、产品和年份固定效应。结果表明，平均持续时间的一次项仍然保持了正向显著性，但二次项系数也显著且为负。相比于第 2 列的结果，第 4 列中一次项系数从 0.005 增大至 0.106，而二次项的系数则为 −0.006。为了减少可能的内生性带来的影响，在第 5 列和第 6 列中分别将第 3 和第 4 列的自变量替换为基于一阶滞后得到的平均出口持续时间，结果发现第 5 列和第 6 列系数仍然显著为正，且结果未受影响。

出口企业刚进入市场的起步阶段主要是自身适应当地市场，而其对于市场的把握能力随着出口持续时间增加不断提升，因此也可以逐渐开始将在持续出口过程中学习到的经验应用于新市场。然而，如果持续出口关系的时间过长则促进作用会开始下降，甚至最终呈现出副作用。这一现象源于出口学习中经历的边际收益递减过程。企业在出口市场中积累的经验增加了自身盈利，也有助于迅速判断新市场的成本和不确定性情况，但如果企业发现开拓新市场获得的收益小于仅保持原有的长期的贸易伙伴的情况则会失去继续开拓的动力。但值得指出的是，长期稳定出口状态可能依托于中国本身的禀赋优势甚至是相对于世界更低的出口价格，在如今农产品生产成本不断提升和比较优势持续下滑的情况下，对于已有关系的过度依赖也是一种风险，如果企业失去了开拓市场的动机，当外部市场发生波动时抵御风险的能力就会减弱。

表 7-4　基准回归结果

	一次项		二次项		一阶滞后	
	1	2	3	4	5	6
Duration	0.005***	0.013***	0.174***	0.106***	0.165***	0.110***
	(0.002)	(0.002)	(0.005)	(0.006)	(0.006)	(0.007)
Duration2			−0.011***	−0.006***	−0.011***	−0.006***
			(0.000)	(0.000)	(0.000)	(0.000)
ln dist	−0.432***	−0.498***	−0.436***	−0.503***	−0.425***	−0.480***
	(0.012)	(0.022)	(0.012)	(0.022)	(0.013)	(0.023)
Landlocked	−0.148***	−0.161***	−0.150***	−0.161***	−0.144***	−0.158***
	(0.015)	(0.015)	(0.015)	(0.015)	(0.015)	(0.016)
Comlang	0.767***	0.523***	0.818***	0.542***	0.784***	0.495***
	(0.055)	(0.056)	(0.055)	(0.056)	(0.059)	(0.060)
ln GDP	0.083***	0.134***	0.083***	0.133***	0.076***	0.127***
	(0.003)	(0.004)	(0.003)	(0.004)	(0.004)	(0.004)
ln GDPdif	−0.065***	−0.014***	−0.062***	−0.012***	−0.059***	−0.011**
	(0.004)	(0.004)	(0.004)	(0.004)	(0.004)	(0.004)
FTA	0.130***	0.193***	0.137***	0.196***	0.151***	0.210***
	(0.026)	(0.027)	(0.026)	(0.027)	(0.027)	(0.028)
ln Free	0.055	0.565***	0.054	0.561***	−0.012	0.531***
	(0.034)	(0.037)	(0.034)	(0.037)	(0.035)	(0.038)
Exchange_Rate	−0.228***	−0.085***	−0.197***	−0.087***	−0.179***	−0.061*
	(0.033)	(0.031)	(0.033)	(0.031)	(0.037)	(0.036)
ln TE	0.192***	0.195***	0.172***	0.184***	0.172***	0.180***
	(0.003)	(0.003)	(0.003)	(0.003)	(0.003)	(0.003)

	一次项		二次项		一阶滞后	
	1	2	3	4	5	6
ln TI	0.234***	0.271***	0.236***	0.272***	0.236***	0.272***
	(0.002)	(0.002)	(0.002)	(0.002)	(0.002)	(0.002)
RCA	0.081***	0.083***	0.095***	0.087***	0.104***	0.093***
	(0.004)	(0.004)	(0.004)	(0.004)	(0.004)	(0.005)
Constant	−4.157***	−9.080***	−4.403***	−8.985***	−4.028***	−8.721***
	(0.187)	(0.267)	(0.188)	(0.267)	(0.193)	(0.275)
Region	NO	Yes	NO	Yes	NO	Yes
Product	NO	Yes	NO	Yes	NO	Yes
Year	NO	Yes	NO	Yes	NO	Yes
N	1566234	1566234	1566234	1566234	1473634	1473634
loglikelyhood	−152224	−146140	−151636	−146005	−144189	−138727
AIC	304474	292422	303300	292153	288405	277596
BIC	304633	293293	303472	293036	288576	278463

注：***、**、* 分别表示参数的估计值在 1%、5%、10% 的水平上显著；括号内数值为标准差。

7.3.3 稳健性检验

为了对基准结果进行检验，换用 Probit 方法对表 7-4 中的各列重新进行回归，各列设置与表 7-3 一致，偶数列相比奇数列增加了产品、地区和年份的虚拟变量组。结果表明一次项的系数显著为正，第 2 列中一次项的系数为 0.005，且 AIC 和 BIC 相对于第 1 列降低。加入二次项后一次项系数在第 4 列增加到 0.041，二次项的系数仍然显著为负，且数值小于一次项。进一步加入一阶滞后项，第 6 列中一次项、二次项的系数未发生大的变化。各个控制变量的显著性和符号也与预期相符，说明基准回归结果是稳健的。

表 7-5　基于 probit 方法的稳健性检验

	一次项		二次项		一阶滞后	
	1	2	3	4	5	6
Duration	0.002***	0.005***	0.072***	0.041***	0.068***	0.043***
	(0.001)	(0.001)	(0.002)	(0.003)	(0.002)	(0.003)
Duration2			−0.005***	−0.002***	−0.005***	−0.003***
			(0.000)	(0.000)	(0.000)	(0.000)
ln dist	−0.183***	−0.233***	−0.185***	−0.235***	−0.180***	−0.223***
	(0.005)	(0.010)	(0.005)	(0.010)	(0.006)	(0.011)
Landlocked	−0.058***	−0.067***	−0.059***	−0.067***	−0.057***	−0.065***
	(0.006)	(0.007)	(0.006)	(0.007)	(0.007)	(0.007)
Comlang	0.358***	0.239***	0.379***	0.246***	0.362***	0.224***
	(0.026)	(0.027)	(0.026)	(0.027)	(0.028)	(0.029)
ln GDP	0.036***	0.058***	0.036***	0.058***	0.033***	0.056***
	(0.002)	(0.002)	(0.002)	(0.002)	(0.002)	(0.002)
ln GDPdif	−0.027***	−0.005***	−0.026***	−0.005**	−0.025***	−0.004**
	(0.002)	(0.002)	(0.002)	(0.002)	(0.002)	(0.002)
FTA	0.061***	0.077***	0.064***	0.078***	0.069***	0.085***
	(0.012)	(0.013)	(0.012)	(0.013)	(0.012)	(0.013)
ln Free	0.022	0.246***	0.023	0.245***	−0.007	0.231***
	(0.015)	(0.016)	(0.015)	(0.016)	(0.015)	(0.017)
Exchange_Rate	−0.089***	−0.034***	−0.077***	−0.034***	−0.067***	−0.024*
	(0.013)	(0.013)	(0.013)	(0.013)	(0.015)	(0.014)
ln TE	0.084***	0.084***	0.074***	0.079***	0.074***	0.077***
	(0.001)	(0.001)	(0.001)	(0.001)	(0.001)	(0.001)

	一次项		二次项		一阶滞后	
	1	2	3	4	5	6
ln TI	0.109***	0.126***	0.110***	0.126***	0.110***	0.126***
	(0.001)	(0.001)	(0.001)	(0.001)	(0.001)	(0.001)
RCA	0.035***	0.038***	0.041***	0.040***	0.045***	0.043***
	(0.002)	(0.002)	(0.002)	(0.002)	(0.002)	(0.002)
Constant	−2.235***	−4.122***	−2.325***	−4.087***	−2.166***	−3.987***
	(0.082)	(0.119)	(0.083)	(0.119)	(0.085)	(0.122)
Region	NO	Yes	NO	Yes	NO	Yes
Product	NO	Yes	NO	Yes	NO	Yes
Year	NO	Yes	NO	Yes	NO	Yes
N	1566234	1566234	1566234	1566234	1473634	1473634
loglikelyhood	−151325	−145543	−150811	−145432	−143404	−138195
AIC	302676	291228	301649	291007	286837	276532
BIC	302835	292098	301821	291890	287008	277399

注：***、**、* 分别表示参数的估计值在 1%、5%、10% 的水平上显著；括号内数值为标准差。

7.4 出口持续时间的市场溢出效应

7.4.1 基于地理距离加权的分析

基于贸易额的加权方案虽然区分了不同额度的贸易关系，但并未考虑已有出口关系所在国对于目标潜在国家 n 的差异性。例如，在研究 t 年中国向巴西出口某产品 k 的潜在出口关系时，中国向阿根廷和向希腊出口产品 k 的已有出口关系影响不同，由于阿根廷与目标国巴西之间的距离更近，二者之间同中国的距离和市场的相似性较高，因此中国向阿根廷的已有出口关系影响相对更大。因此，考虑基于国家 j 和潜在出口关系的所在国 n 之间的距离构建权重并计算平均出口持续时间：

$$D_{nkt} = \sum_{j=1}^{J} \frac{WeightD_{jnkt}}{\sum\limits_{j=1}^{J} WeightD_{jnkt}} D_{kjt} \qquad (7\text{--}4)$$

上式中，J 为同年中国所有可能出口的目标对象国，与目标国家之间的距离越近则重要性越高，$WeightD_{jnkt}$ 为 j 国与 n 国的双边距离的倒数。在回归表格 7-6 中分别基于两种距离进行加权，其中第 1 列、第 3 列和第 5 列是基于 CEPII 数据库中的 dist 变量。dist 变量是基于两个国家间最大城市的经纬度数据并根据大圆公式计算得到的距离。在第 2 列、第 4 列和第 6 列中则采用了 CEPII 数据库中的 distw 变量，这一距离的测算不仅仅基于单个城市，而是采用多个城市之间的人口加权的算法。各列间均加入了地区、产品和年份的控制变量组，前 4 列考察当期一次项和二次项的情况，在第 5—第 6 列则采用了基于一阶滞后计算得到的平均持续时间。

对于以 dist 为权重的回归结果第 1 列中系数显著为正，数值为 0.468。在第 3 列加入二次项后一次项仍然显著为正且数值增加到 1.511，二次项的系数为 –0.291。在第 5 列中考虑一阶滞后的情况下，一、二次项的系数分别为 1.500 和 –0.289，与第 3 列接近。而第 2 列、第 4 列和第 6 列基于 distw 变量的结果呈现出同样的趋势，且变量之间的系数差距较小。在表 7-5 中的各控制变量与预期也一致。在其他变量设定相同的情况下，在 7-5 中第 4 列中的 AIC 和 BIC 数值分别为 291007 和 291890，而在表 7-6 中第 3 列中数值更低，分别为 287969 和 288852，可见采用考虑了国家间距离的持续时间对中国农产品新市场进入的解释力更强。表 7-6 的回归结果表明，中国农产品持续出口过程中学习到的经验有助于新市场开拓，并且在选择出口市场时存在路径依赖，如果与潜在出口国地理位置相近的市场中的出口关系持续时间较长则新市场进入的概率也随之越高，从而验证了出口持续时间的市场溢出效应。

表 7-6　出口持续时间的市场溢出效应：基于地理距离

	一次项		二次项		一阶滞后	
	dist 权重	distw 权重	dist 权重	distw 权重	dist 权重	distw 权重
Duration	0.468***	0.458***	1.511***	1.500***	1.546***	1.468***
	(0.009)	(0.009)	(0.026)	(0.026)	(0.025)	(0.029)
Duration2			−0.291***	−0.289***	−0.347***	−0.303***
			(0.008)	(0.008)	(0.009)	(0.009)
ln dist	−0.426***	−0.431***	−0.384***	−0.393***	−0.332***	−0.371***
	(0.022)	(0.022)	(0.022)	(0.022)	(0.013)	(0.023)
Landlocked	−0.205***	−0.202***	−0.198***	−0.198***	−0.196***	−0.191***
	(0.015)	(0.015)	(0.015)	(0.015)	(0.015)	(0.016)
Comlang	0.485***	0.493***	0.460***	0.469***	0.838***	0.428***
	(0.056)	(0.056)	(0.056)	(0.056)	(0.058)	(0.059)
ln GDP	0.150***	0.150***	0.158***	0.157***	0.111***	0.150***
	(0.004)	(0.004)	(0.004)	(0.004)	(0.004)	(0.004)
ln GDPdif	−0.022***	−0.022***	−0.021***	−0.021***	−0.078***	−0.019***
	(0.004)	(0.004)	(0.004)	(0.004)	(0.004)	(0.004)
FTA	0.166***	0.168***	0.153***	0.161***	0.021	0.166***
	(0.028)	(0.028)	(0.028)	(0.028)	(0.027)	(0.028)
ln Free	0.645***	0.646***	0.684***	0.683***	0.111***	0.645***
	(0.037)	(0.037)	(0.037)	(0.037)	(0.035)	(0.038)
Exchange_Rate	−0.058*	−0.059*	−0.053*	−0.055*	−0.195***	−0.031
	(0.030)	(0.030)	(0.030)	(0.030)	(0.038)	(0.034)
ln TE	0.145***	0.146***	0.091***	0.090***	0.085***	0.102***
	(0.003)	(0.003)	(0.003)	(0.003)	(0.003)	(0.003)
ln TI	0.270***	0.270***	0.271***	0.271***	0.238***	0.270***

续表

	一次项		二次项		一阶滞后	
	dist 权重	distw 权重	dist 权重	distw 权重	dist 权重	distw 权重
	(0.002)	(0.002)	(0.002)	(0.002)	(0.002)	(0.002)
RCA	0.083***	0.082***	0.092***	0.091***	0.129***	0.092***
	(0.004)	(0.004)	(0.004)	(0.004)	(0.004)	(0.005)
Constant	−9.850***	−9.811***	−10.059***	−9.959***	−5.396***	−9.753***
	(0.270)	(0.269)	(0.269)	(0.269)	(0.197)	(0.277)
Region	Yes	Yes	Yes	Yes	Yes	Yes
Product	Yes	Yes	Yes	Yes	Yes	Yes
Year	Yes	Yes	Yes	Yes	Yes	Yes
N	1566234	1566234	1566234	1566234	1473634	1473634
loglikelyhood	−145000	−145040	−143912	−143955	−142119	−137141
AIC	290142	290222	287969	288055	284266	274424
BIC	291013	291093	288852	288938	284437	275291

注：***、**、* 分别表示参数的估计值在 1%、5%、10% 的水平上显著；括号内数值为标准差。

7.4.2 基于经济发展水平加权的分析

地理距离是衡量市场相似性的重要维度，但是为了研究出口关系持续时间的市场溢出效应，还需要进一步考察经济发展水平差异带来的市场相似性。例如，为了实现中国对美国某种产品 k 的新市场进入，中国已有对墨西哥的出口经验带来的作用可能弱于中国对英国的出口经验。对于经济发展水平相近的两个国家，两国间营商环境水平、贸易便利化程度比较接近，需求上对农产品的消费结构、习惯和偏好都可能比较一致。处于类似经济发展阶段的国家间对外贸易政策也可能有着更高的相似性，例如欧美等发达国家和地区在 2008 年之后加强了农产品技术性贸易壁垒的强度，并且对于经贸规则的制定和使用都更为主动。因此，对于潜在出口国而言，如果中国曾经向与之经济发展水平较为接近的国家出口时间越长，那么已有的经验就更有可能降低市场进入成本，提高新市场进入的概率。

为了验证这种市场溢出效应，利用公式（7-4）并采用 j 国和 n 国的人均 GDP 之差的倒数作为权重计算出加权出口持续时间，回归结果如表7-7所示。第1列和第2列考察以人均 GDP 差异加权的出口持续时间，其中第1列未加入地区、产品和年份固定效应，第2列则加入以进行对比。在两列中持续时间的影响均为正且在 1% 的统计水平上显著，系数分别为 0.183和和 0.144，随着产品地区、产品和年份固定效应的加入，第1列中的 AIC 和 BIC 值分别从 303386 和 303545 下降到 291892 和 292763，说明固定效应的加入增加了模型的解释力，第1列和第2列的结果验证了出口持续时间在提高新市场进入概率时的市场溢出效应。进一步，第3列和第4列分别在第1列和第2列基础上加入持续时间的平方项，倒 "U" 型的结论仍然成立，在第4列中一次项和二次项的系数分别为 0.455 和 -0.054。在第5列和第6列中加入对于一阶滞后的考察，发现结论并未受影响。表7-7 的结果表明中国向经济发展水平相近的国家出口的持续时间越长，实现新市场进入的概率也就越高。此外，表7-7 中第4列的 AIC 和 BIC 值分别为 291281和 292164，低于基准回归的结果但高于基于地理距离加权的分析，经济发展水平相似性带来的市场溢出效应仍然是显著的，但其效果低于地理距离邻近带来的市场溢出效应。

表7-7　出口持续时间的市场溢出效应：基于人均 GDP 差异

	一次项		二次项		一阶滞后	
	1	2	3	4	5	6
Duration	0.183***	0.144***	0.639***	0.455***	0.555***	0.402***
	(0.005)	(0.006)	(0.015)	(0.015)	(0.015)	(0.016)
Duration2			−0.085***	−0.054***	−0.073***	−0.048***
			(0.003)	(0.003)	(0.003)	(0.003)

续表

	一次项		二次项		一阶滞后	
	1	2	3	4	5	6
ln dist	−0.433***	−0.497***	−0.439***	−0.506***	−0.428***	−0.481***
	(0.012)	(0.022)	(0.012)	(0.022)	(0.013)	(0.023)
Landlocked	−0.146***	−0.157***	−0.150***	−0.156***	−0.145***	−0.154***
	(0.015)	(0.015)	(0.015)	(0.015)	(0.015)	(0.016)
Comlang	0.783***	0.512***	0.806***	0.503***	0.773***	0.461***
	(0.055)	(0.056)	(0.055)	(0.056)	(0.058)	(0.060)
ln GDP	0.092***	0.138***	0.096***	0.139***	0.086***	0.132***
	(0.003)	(0.004)	(0.003)	(0.004)	(0.004)	(0.004)
ln GDPdif	−0.076***	−0.022***	−0.088***	−0.030***	−0.081***	−0.025***
	(0.004)	(0.004)	(0.004)	(0.004)	(0.004)	(0.004)
FTA	0.114***	0.200***	0.121***	0.217***	0.131***	0.225***
	(0.026)	(0.027)	(0.026)	(0.028)	(0.027)	(0.028)
ln Free	0.049	0.570***	0.027	0.563***	−0.041	0.528***
	(0.034)	(0.037)	(0.034)	(0.037)	(0.035)	(0.038)
Exchange_Rate	−0.220***	−0.080***	−0.218***	−0.083***	−0.196***	−0.053
	(0.033)	(0.031)	(0.033)	(0.031)	(0.037)	(0.034)
ln TE	0.173***	0.187***	0.146***	0.169***	0.151***	0.172***
	(0.003)	(0.003)	(0.003)	(0.003)	(0.003)	(0.003)
ln TI	0.233***	0.269***	0.231***	0.268***	0.232***	0.268***
	(0.002)	(0.002)	(0.002)	(0.002)	(0.002)	(0.002)
RCA	0.087***	0.081***	0.096***	0.083***	0.104***	0.087***
	(0.004)	(0.004)	(0.004)	(0.004)	(0.004)	(0.005)

续表

	一次项		二次项		一阶滞后	
	1	2	3	4	5	6
Constant	−4.123***	−9.052***	−3.877***	−8.711***	−3.528***	−8.505***
	(0.187)	(0.267)	(0.187)	(0.267)	(0.193)	(0.275)
Region	NO	Yes	NO	Yes	NO	Yes
Product	NO	Yes	NO	Yes	NO	Yes
Year	NO	Yes	NO	Yes	NO	Yes
N	1566234	1566234	1566234	1566234	1473634	1473634
loglikelyhood	−151680	−145875	−151008	−145569	−143860	−138473
AIC	303386	291892	302044	291281	287748	277089
BIC	303545	292763	302216	292164	287919	277955

注：***、**、* 分别表示参数的估计值在 1%、5%、10% 的水平上显著；括号内数值为标准差。

7.5 出口持续时间的产品溢出效应

本部分中进一步考虑产品溢出效应。对于潜在出口对象国 n 的产品 k，除了考虑 k 在其他市场上的出口持续时间带来的影响，还可以考虑在潜在目标市场 n 中已有的与 k 相近的产品出口经验带来的效应。相似产品之间市场调研、符合标准规范等环节所需要的信息较为接近，实现新市场进入所需要克服的沉没成本和投入的资源更为相似，如果农产品在潜在出口市场中有过相似产品的出口经验，那么在已有类似产品的出口经验可以更好地用于克服新产品的市场进入成本。例如，在考虑中国向潜在市场 n 发展关于小麦的潜在出口关系时，中国向 n 国出口大麦经验的作用高于中国向 n 国出口果汁带来的影响，因此为了考察相似产品出口经验的影响，借鉴 Rakman（2010）分别以 HS6 和 HS4 分位产品编码之差的倒数作为权重：

$$D_{nkt} = \sum_{p=1}^{P} \frac{WeightP_{jkpt}}{\sum\limits_{p=1}^{P} WeightP_{jkpt}} D_{kjt} \qquad （7-5）$$

表 7-8 中各列设定与表 7-6 类似，其中第 1 列、第 3 列和第 5 列采用了以 HS6 分位编码之差的倒数为基础的权重，而第 2 列、第 4 列和第 6 列中采用了 HS4 分位编码之差的倒数为基础的权重，各列间也同样加入了地区、产品和国家的控制变量组，第 5 列到第 6 列考察了一阶滞后的情况。对于以 HS6 分位编码为权重的回归结果，第 1 列中一次项的系数显著为正且数值为 0.203，第 3 列中一次项和二次项的系数分别为 0.752 和 −0.101，一阶滞后的结果与第 3 列类似。在以 HS4 分位编码为权重的结果和考虑一阶滞后项的结果也与以 HS6 分位编码为基础的结果一致。表 7-8 的结果验证了中国农产品出口持续时间对新市场进入的正向影响，并进一步验证了倒"U"型性的结论。

此外，表 7-8 中的 AIC 和 BIC 数值相比于表 7-5 中的基准结果数值更小，这说明考虑产品溢出的持续时间对中国农产品新市场进入的影响的解释力相对更强。进一步通过与表 7-6 和表 7-7 中的 AIC 和 BIC 数值进行比较可以发现，基于商品编码的产品溢出效应大于经济发展水平相似带来的市场溢出，但低于地理距离临近带来的市场溢出效应。

表 7-8　出口持续时间的产品溢出效应

	一次项		二次项		一阶滞后	
	HS6 权重	HS4 权重	HS6 权重	HS4 权重	HS6 权重	HS4 权重
Duration	0.203***	0.305***	0.752***	1.159***	0.644***	0.803***
	(0.005)	(0.008)	(0.015)	(0.022)	(0.014)	(0.024)
Duration2			−0.101***	−0.225***	−0.088***	−0.160***
			(0.003)	(0.006)	(0.003)	(0.007)
ln dist	−0.496***	−0.492***	−0.475***	−0.455***	−0.383***	−0.448***
	(0.022)	(0.022)	(0.022)	(0.022)	(0.013)	(0.023)

续表

	一次项		二次项		一阶滞后	
	HS6 权重	HS4 权重	HS6 权重	HS4 权重	HS6 权重	HS4 权重
Landlocked	−0.131***	−0.116***	−0.094***	−0.051***	−0.104***	−0.087***
	(0.015)	(0.015)	(0.015)	(0.015)	(0.015)	(0.016)
Comlang	0.503***	0.504***	0.442***	0.402***	0.748***	0.401***
	(0.056)	(0.056)	(0.057)	(0.056)	(0.059)	(0.060)
ln GDP	0.104***	0.088***	0.073***	0.042***	0.041***	0.067***
	(0.004)	(0.004)	(0.004)	(0.004)	(0.004)	(0.004)
ln GDPdif	−0.008*	−0.004	−0.004	0.001	−0.063***	−0.003
	(0.004)	(0.004)	(0.004)	(0.004)	(0.004)	(0.004)
FTA	0.133***	0.088***	0.098***	0.052*	0.044*	0.108***
	(0.028)	(0.028)	(0.028)	(0.028)	(0.027)	(0.028)
ln Free	0.478***	0.434***	0.371***	0.276***	−0.140***	0.339***
	(0.037)	(0.037)	(0.037)	(0.037)	(0.035)	(0.038)
Exchange_Rate	−0.095***	−0.105***	−0.103***	−0.115***	−0.220***	−0.085**
	(0.032)	(0.032)	(0.032)	(0.033)	(0.039)	(0.038)
ln TE	0.210***	0.216***	0.215***	0.222***	0.184***	0.212***
	(0.003)	(0.003)	(0.003)	(0.003)	(0.003)	(0.003)
ln TI	0.270***	0.267***	0.267***	0.262***	0.232***	0.265***
	(0.002)	(0.002)	(0.002)	(0.002)	(0.002)	(0.002)
RCA	0.075***	0.074***	0.071***	0.073***	0.100***	0.081***
	(0.004)	(0.004)	(0.004)	(0.004)	(0.004)	(0.005)
Constant	−8.137***	−7.591***	−7.088***	−6.145***	−2.870***	−6.881***
	(0.267)	(0.269)	(0.268)	(0.270)	(0.194)	(0.279)

续表

	一次项		二次项		一阶滞后	
	HS6 权重	HS4 权重	HS6 权重	HS4 权重	HS6 权重	HS4 权重
Region	Yes	Yes	Yes	Yes	Yes	Yes
Product	Yes	Yes	Yes	Yes	Yes	Yes
Year	Yes	Yes	Yes	Yes	Yes	Yes
N	1566234	1566234	1566234	1566234	1473634	1473634
loglikelyhood	−145475	−145518	−144522	−144522	−143365	−138194
AIC	291092	291177	289188	289187	286758	276531
BIC	291962	292048	290071	290070	286929	277397

注：***、**、*分别表示参数的估计值在 1%、5%、10% 的水平上显著；括号内数值为标准差。

7.6 异质性分析

在表格 7-9 中考察市场溢出和产品溢出对不同农产品出口新市场进入影响的异质性，分以 dist、distw、人均 GDP 差异、HS6 编码和 HS4 编码作为权重的出口持续时间为自变量，基于 Regmi et al.（2005）专门针对农产品的分类，分别考察出口持续时间对初级品和加工品新市场进入的影响，其中奇数列为初级品，偶数列为加工品。在各列间均加入地区、产品和年份的控制变量组，且均加入一次项和二次项。

在第 1 列中，基于 dist 加权的持续时间对初级品的一次项和二次项均显著，数值分别为 1.640 和 −0.367。第二列中对加工品的一次项、二次项系数则分别为 1.486 和 −0.284。在不同权重的结果中，不论是初级品还是加工品，一次项和二次项的系数都显著且都为负，这也说明在不同的样本分组中产品溢出和市场溢出的效应是稳健的。在不同组间初级品的一次项和二次项系数值均大于加工品，说明出口持续时间对于初级品的影响更大。其原因可能在于，加工品大多为同质化较低的产品，相比于初级品，加工品等为了进入新市场需要进行的调研、规则学习和人力资源等环节所需要付出的成本更高，而我国农产品出口商大多为小规模企业，对于加工品企业学习难度也相对较大，因此对于初级品的学习效应更大。然而事实上，相比于初级品，农产品加工企业在国际市场上的发展对于我国农产品在全球价值链中地位的攀升更加重要。相比于大型制造业企业，农产品加工企业更加需要对于市场的各种信息，如而政府机构和行业组织应当在这一方面起到应有作用。

表 7-9 出口持续时间对不同种类农产品新市场进入的影响差异

	dist 权重		distw 权重		人均 GDP 权重		HS6 编码 权重		HS4 编码 权重	
	初级品	加工品	初级品	加工品	初级品	加工品	初级品	加工品	初级品	加工品
Duration	1.640***	1.486***	1.651***	1.496***	0.541***	0.440***	0.871***	0.741***	1.203***	1.161***
	(0.117)	(0.027)	(0.116)	(0.027)	(0.059)	(0.015)	(0.055)	(0.015)	(0.091)	(0.023)
Duration2	−0.367***	−0.284***	−0.366***	−0.286***	−0.071***	−0.052***	−0.117***	−0.099***	−0.247***	−0.224***
	(0.040)	(0.008)	(0.040)	(0.008)	(0.012)	(0.003)	(0.012)	(0.003)	(0.030)	(0.006)
ln dist	−0.288***	−0.404***	−0.286***	−0.395***	−0.395***	−0.515***	−0.353***	−0.485***	−0.358***	−0.463***
	(0.090)	(0.023)	(0.090)	(0.023)	(0.089)	(0.023)	(0.086)	(0.023)	(0.085)	(0.023)
Landlocked	−0.143**	−0.201***	−0.142**	−0.201***	−0.126**	−0.157***	−0.073	−0.093***	−0.038	−0.050***
	(0.057)	(0.016)	(0.057)	(0.016)	(0.057)	(0.016)	(0.057)	(0.016)	(0.058)	(0.016)
Comlang	0.709***	0.454***	0.709***	0.444***	0.675***	0.494***	0.760***	0.428***	0.748***	0.381***
	(0.201)	(0.058)	(0.201)	(0.058)	(0.202)	(0.058)	(0.204)	(0.059)	(0.203)	(0.059)
ln GDP	0.159***	0.156***	0.160***	0.157***	0.154***	0.138***	0.079***	0.073***	0.057***	0.041***
	(0.015)	(0.004)	(0.015)	(0.004)	(0.015)	(0.004)	(0.015)	(0.004)	(0.016)	(0.004)
ln GDPdif	0.032*	−0.025***	0.031*	−0.026***	0.015	−0.034***	0.036**	−0.008*	0.040**	−0.003
	(0.017)	(0.004)	(0.017)	(0.004)	(0.017)	(0.004)	(0.017)	(0.004)	(0.017)	(0.004)
FTA	0.363***	0.147***	0.369***	0.138***	0.361***	0.207***	0.243**	0.088***	0.195*	0.042
	(0.102)	(0.029)	(0.102)	(0.029)	(0.102)	(0.029)	(0.102)	(0.029)	(0.103)	(0.029)

续表

	dist 权重		distw 权重		人均 GDP 权重		HS6 编码 权重		HS4 编码 权重	
	初级品	加工品	初级品	加工品	初级品	加工品	初级品	加工品	初级品	加工品
ln Free	0.392***	0.706***	0.393***	0.705***	0.346***	0.580***	0.154	0.389***	0.078	0.292***
	(0.133)	(0.039)	(0.133)	(0.039)	(0.133)	(0.038)	(0.132)	(0.038)	(0.133)	(0.038)
Exchange_Rate	−0.242*	−0.042	−0.239*	−0.039	−0.267*	−0.069**	−0.264*	−0.089***	−0.289**	−0.102***
	(0.141)	(0.031)	(0.141)	(0.031)	(0.141)	(0.031)	(0.142)	(0.033)	(0.144)	(0.033)
ln TE	0.054***	0.097***	0.054***	0.097***	0.135***	0.175***	0.191***	0.221***	0.188***	0.230***
	(0.012)	(0.003)	(0.012)	(0.003)	(0.011)	(0.003)	(0.010)	(0.003)	(0.010)	(0.003)
ln TI	0.210***	0.279***	0.209***	0.279***	0.203***	0.276***	0.197***	0.276***	0.194***	0.271***
	(0.008)	(0.002)	(0.008)	(0.002)	(0.008)	(0.002)	(0.008)	(0.002)	(0.008)	(0.002)
RCA	0.126***	0.085***	0.126***	0.086***	0.130***	0.075***	0.127***	0.062***	0.142***	0.061***
	(0.012)	(0.005)	(0.012)	(0.005)	(0.012)	(0.005)	(0.012)	(0.005)	(0.011)	(0.005)
Constant	−7.940***	−9.981***	−8.000***	−10.081***	−7.117***	−8.721***	−5.610***	−7.118***	−4.853***	−6.167***
	(1.004)	(0.278)	(1.004)	(0.278)	(0.997)	(0.276)	(0.986)	(0.277)	(0.991)	(0.279)
Region	Yes	Yes	Yes	Yes	Yes	Yes	Yes	Yes	Yes	Yes
Product	Yes	Yes	Yes	Yes	Yes	Yes	Yes	Yes	Yes	Yes
Year	Yes	Yes	Yes	Yes	Yes	Yes	Yes	Yes	Yes	Yes
N	91737	1474497	91737	1474497	91737	1474497	91737	1474497	91737	1474497
loglikely-hood	−9777	−133983	−9773	−133944	−9859	−135493	−9743	−134540	−9795	−134475
AIC	19643	268107	19635	268028	19807	271125	19575	269221	19677	269090
BIC	20058	268961	20049	268882	20222	271979	19989	270075	20092	269945

注：***、**、* 分别表示参数的估计值在 1%、5%、10% 的水平上显著；括号内数值为标准差。

7.7 本章小结

本章利用 1995—2018 年间 CEPII-BACI 数据库的 HS6 分位数据研究了出口关系持续时间对中国农产品出口关系新市场进入的影响。

中国农产品出口关系新市场进入的发展空间较大，但 1999—2018 年间实现的比重仍然偏小且呈现出先增加后下降的趋势，2001 年入世以后经历了一段快速增长过程，新市场进入的份额从 1.75% 快速增长到 2007 年的 3.40%，但在此后又逐渐降低到 2018 年的 1.23%。此外，相比于未实现的潜在出口关系，已实现的新市场进入的出口关系对应的持续时间更长，说明出口持续时间的长度可能与新市场进入的概率呈正向关系。

通过回归分析研究出口关系持续时间对农产品出口新市场进入的影响，在以贸易额加权的基准分析中，发现出口关系持续时间对农产品出口新市场进入有着显著的正向影响，但这一作用呈现出倒 "U" 型的非线性特征。对于其他影响因素，更远的双边距离、更高人均收入水平差异和更大双边汇率波动降低了新市场进入的概率，而非内陆、共同语言、更大的国家经济规模和更高的经济自由度水平等因素则有助于新市场进入的实现。对于特定 HS6 分位产品，如果我国农产品出口额和显性比较优势越高、对方进口额越大，则新市场进入的概率越高。

进一步考察出口关系持续时间对于新市场进入的影响机制。通过基于地理距离、人均 GDP 差异加权的方案验证了市场溢出机制，其中地理距离邻近带来的市场溢出效应更为明显。通过基于产品编码加权的方案也验证了出口关系持续时间的产品溢出效应。此外，出口关系持续时间对初级农产品新市场进入的影响大于加工农产品。

第八章 结论与政策启示

8.1 研究结论

本书采用 CEPII–BACI 数据库中 1995—2018 年间的 HS6 分位数据研究了中国农产品出口关系持续时间的基本特征、影响因素和效应，得到的主要结论有：

（1）中国农产品出口关系总数总体呈现出明显的增长态势，但增长速度低于农产品出口总额，且 2008 年之后总量增长几乎陷于停滞，中国农产品出口关系数占世界总体的比例 2009 年之后进入连续下滑区间，到 2018 年时已经降至 3.12%。在同期世界总体出口关系数量仍保持稳定增长的背景下，中国农产品出口关系正处于收缩状态。从分产品来看，蔬菜、水果和水产品三种优势产品的出口关系情况不容乐观，从地区来看，中国向各地区农产品出口关系数量在 2008 年之后同样经历了增速减缓的过程。

（2）中国农产品出口持续时间较短，均值为 3.06 年，而中位数仅为 1 年。通过对 5 种典型农产品的深入分析，发现我国蔬菜、水果、水产品的出口关系生存情况比粮食和畜产品更好，在与世界其他国家同类产品出口持续时间的对比中也排名更高。通过对不同市场的分析可以发现，中国向欧洲出口关系生存情况最好，非洲最差，亚洲、大洋洲和美洲较为接近。从对单个市场的分析来看，中国向不同国家出口农产品生存情况的差异较大，对日本、印度尼西亚等主要出口国的出口关系持续时间均值相对较短。结合各产品和市场的实际情况进行的分析表明，中国在不同产品上生存情况表现的差异与资源禀赋、产品竞争力、出口关系网络的发展阶段等相关；中国对不同地区农产品出口关系持续情况的差异则可能与资源和市场的互补性、地理位置等因素相关。

（3）中国农产品出口关系持续时间的影响因素可以分为国家和产品两个层面。在国家层面，双边距离、接壤、共同语言和内陆情况体现了国家层面的总体运输成本，出口国经济规模、与中国人均 GDP 差异则反映了对方的总体需求情况，而目的国经济自由度水平和汇率变动率则体现了贸易活动的外部经济和政策环境，其中接壤、共同语言、对方经济规模和经济自由度水平对中国农产品出口持续时间产生了显著的正向影响，而距离、内陆、人均 GDP 差异则会显著降低中国农产品出口的生存概率。在产品层面，出口关系的单位价值和贸易段初始额以及历史反映了贸易段的特征，中国农产品的显性比较优势和占对方进口的份额反映了中国农产品供给的竞争力和相对于进口国的重要性，HS6 分位层面的中国农产品出口总额和对方进口额则反映了贸易双方产品层面的供给和需求能力。

（4）FTA 对于农产品出口持续时间的影响分为不同层次。第一，中国向 FTA 成员出口农产品的持续时间更长，这可能得益于 FTA 成员方之间邻近的地理距离或互补的比较优势结构等有利条件。第二，开始于 FTA 成立之前的贸易关系持续时间得以延长。但在不确定性的作用下，低生产率出口企业过度增加带来的"试错"效应缩短了开始于 FTA 成立之后的贸易关系的持续时间。第三，从纵向和横向两方面来看，FTA 的建成时间和 FTA 文本条款的深度也对中国农产品出口持续时间产生了显著的正向作用。第四，FTA 对加工农产品出口持续时间的影响大于初级农产品。

（5）对于向"一带一路"国家的出口，首先对集约和扩展两个边际进行初步观察。在扩展边际方面，中国向"一带一路"国家出口关系的数量低于德国和美国，但增长速度却更高且已有关系的中断比例相对较低。在集约边际方面，中国向"一带一路"国家出口关系的生存情况不如德国，而在原有关系上考察出口额的增速时，中国的出口关系深化情况弱于印度。其次，由引入出口关系的生存视角来分析各部分对出口增长的贡献，发现其中集约边际对中国农产品出口增长的贡献更大，而出口关系中断带来的增长损失不可忽视。最后，利用中国自身、德国和印度作为基准进行反事实分析，发现出口深化率增加带来的反事实增长均值更高，但生存率增加带来的反事实增长更为稳定。通过对"一带一路"内部各国家的二元边际分析分解和反事实结果与基准结果一致,同时发现东欧和西亚地区具有较高的发展潜力。

(6)中国农产品出口关系新市场进入的发展空间较大,但1999—2018年间实现的比重仍然偏小。中国农产品新市场进入的比重在1999—2018年间呈现出先增加后下降的趋势。通过基于贸易额加权的出口持续时间分析可以发现,平均出口持续时间首先将增加新的潜在出口产品在该目的国市场扩张的概率,但达到该临界值后出口关系持续时间的增加又会降低实现新市场进入的概率。此外,出口关系持续时间可以通过市场和产品溢出两条路径影响新市场进入。

8.2 政策启示

(1)巩固和提升优势产品竞争力,维护重点出口关系稳定性。中国农产品出口关系持续时间相对较短,从产品层面来看,首先应当进一步发挥蔬菜、水果和水产品等劳动密集型产品的优势,此类产品附加价值相对较高,在国际市场上不论是出口总额还是出口关系的持续性都有着良好表现。应当继续对此类产品政策上的倾斜,一方面,通过国内完善的产业政策提升优势产品在国际市场上的竞争力;另一方面,面对一些优势产品在国际市场上出口关系数量份额下滑的情况应当加强推动其"走出去"的配套支持措施,发挥此类产品在国际市场生存能力较强的优势。其次,除了考虑不同种类农产品的比较优势,还应当有的放矢,对于重要出口关系加强维护。由于出口关系普遍较为短暂,应当根据产品本身出口关系特点予以甄别,重点发展具有单价和初始额较高、有着贸易历史等特征的出口关系。根据本书结论,出口关系前5年所面临的中断风险较高,而对于已经跨越这一阶段的出口关系应当加强投入力度,增强双方贸易信心,进一步将其发展成为更加长期稳定的贸易收入来源。

(2)挖掘出口市场潜力,为企业生存创造良好环境。首先,距离、目的地经济发展水平等影响双边贸易的因素也对出口关系持续时间有着类似的作用,考虑出口关系稳定发展时,应当优先同周边国家或是已经有着良好贸易基础的出口对象国加强合作。其次，目的国的经济自由度和汇率稳定性也是经贸合作持续稳定发展的必要条件，良好的市场化环境有助于推动双边农产品贸易成本的降低，筛选出口市场时应当着重考虑这一因素，此外应当加强与出口市场的双边互动，通过政府间自上而下的全面合作为农产品出口企业在目的市场的生存营造积极的外部条件，并且通过加强贸易谈判等途径直接减少贸易摩擦和降低双边贸易成本，促进农产品贸易关系的持续健康发展。

（3）深入发展FTA战略，引导农产品出口企业充分利用区内优惠政策。目前中国向FTA成员方出口农产品总体持续时间仍然较短，但成员国之间具有一定成本优势和巨大增长潜力。因此，应当继续坚持贸易开放和自由贸易区战略，将大量短暂的已有贸易关系转化成稳定可持续的出口收入。在FTA成立初期应当加强对出口企业尤其是农产品加工企业的宣传和引导，使企业能够及时地分了解自贸区内政策详情，降低不确定性带来的负面影响并作出有利于企业自身发展的出口决定。自贸区建成后随时间增加而日益成熟，对农产品出口稳定性也产生了持续而渐进的影响。这反映出目前相关条款的实施已经逐步显现出积极成效。此外，应当进一步推进自由贸易区的深化和升级，在区内关税已经达到较低水平的情况下侧重于加强WTO-extra条款的谈判，在区内进一步降低贸易成本、改善经贸环境。

（4）加强"一带一路"农业合作，促进农产品贸易稳定增长。中国向"一带一路"国家农产品出口表现出了良好的增长前景，应当继续深化与区内各国的农业合作，加强政府层面的政策协同和战略对接，降低不确定性对进出口双方的影响，共建稳定发展的农产品贸易渠道。其次，由于扩展边际对出口增长的贡献不足，且新关系建立的前期较为脆弱，应当通过加强基础设施建设、关税减免和提升贸易便利化水平等措施进一步降低出口关系建立所需要的前期成本，促进新出口关系的增长，同时也降低贸易关系维持所需要的成本，使出口关系在前期得以平稳发展。最后，中国向"一带一路"国家农产品出口主要依靠已有贸易关系带来的集约边际增长，要兼顾已有出口关系生存率和深化率的提升，而不应仅强调贸易关系数量的扩张或者已有出口产品贸易额的增长。因此要注意农产品出口关系持续时间的培育，充分发挥沿线国家使领馆、商会等机构的功能，加强对贸易关系的维护并改善出口关系生存状况，为中国农产品出口的稳定增长提供持续的推动力。

（5）破除信息壁垒，推动农产品出口企业开拓新市场。本书的研究结论表明出口关系持续时间的延长有助于实现农产品出口关系的新市场进入，这对于我国农产品出口贸易促进的发展方向有着一定启示。相比而言，农产品生产不需要过高的研发投入，通过出口学习提高生产率的潜力有限。在国内农业生产成本高的情况下，利用好在已有出口关系中学习到的经验来降低交易环节的成本应当作为我国农产品海外拓展贸易关系网络的重要途径。因此，政府层面应当配套建立相关机制，帮助农产品出口企业在当地和邻近市场获取必要的市场信息，降低农产品企业新市场进入的成本。贸易促进机构通过积极开展展会等活动帮助企业降低营销成本，尤其是为尚未出口至当地市场的出口商建立专门机制。发挥行业协会的作用，在企业间形成信息共享网络，利用互联网建立信息平台，将已有相关市场或产品中获取的关于当地贸易政策、市场需求和法律规范等信息及时有效传达至有需要的农产品出口企业。此外，根据本书结论，出口持续时间延长带来的学习效应随时间的变化呈倒 "U" 型，因此对于已经有着较丰富出口经验的企业，应当防止其出现惰性和依赖性。企业处于利润最大化视角保持长期较高利润水平的情况下可能失去继续开拓新市场的动力，应当通过加强信息传导和专业培训帮助企业尤其是农产品加工企业梳理开拓和维护出口关系的意识，同时政策上应当对于拓展市场的企业予以财政和金融上的支持。

参考文献

1. 鲍晓华，严晓杰．我国农产品出口的二元边际测度及 SPS 措施的影响研究 [J]．国际贸易问题，2014 (06):33-41.

2. 别诗杰，祁春节．中国与"一带一路"国家农产品贸易的竞争性与互补性研究 [J]．中国农业资源与区划,2019,40(11):166-173.

3. 陈林，彭婷婷，吕亚楠，张亮．中国对"一带一路"沿线国家农产品出口 —— 基于二元边际视角 [J]．农业技术经济，2018 (06):136-144.

4. 陈晓华,刘慧．产品持续出口能促进出口技术复杂度持续升级吗？——基于出口贸易地理优势异质性的视角 [J]．财经研究,2015,41(01):74-86.

5. 陈晓华,沈成燕．出口持续时间对出口产品质量的影响研究 [J]．国际贸易问题,2015(01):47-57.

6. 陈勇兵，蒋灵多，曹亮．中国农产品出口持续时间及其影响因素分析 [J]．农业经济问题，2012,33 (11):7-15.

7. 陈勇兵，李燕，周世民．中国企业出口持续时间及其决定因素 [J]．经济研究，2012,47 (07):48-61.

8. 陈勇兵，钱意，张相文．中国进口持续时间及其决定因素 [J]．统计研究，2013,30 (02):49-57.

9. 陈勇兵，王晓伟，谭桑．出口持续时间会促进新市场开拓吗 —— 来自中国微观产品层面的证据 [J]．财贸经济，2014 (06):79-89.

10. 邓路．国家形象、交易信任与出口持续时间——来自中国产品层面的证据 [J]．当代财经,2018(10):14-23.

11. 杜运苏，陈小文．我国农产品出口贸易关系的生存分析 —— 基于

Cox PH 模型 [J]. 农业技术经济，2014 (05):98-105.

12. 杜运苏，王丽丽. 中国出口贸易持续时间及其影响因素研究 —— 基于 Cloglog 模型 [J]. 科研管理，2015,36 (07):130-136.

13. 杜运苏，杨玲. 中国出口贸易关系的生存分析：1995—2010 [J]. 国际贸易问题，2013 (11):14-23.

14. 冯伟，邵军，徐康宁. 贸易多元化战略下的贸易联系持续期分析 —— 以我国纺织品出口为例 [J]. 经济评论，2013 (02):121-128.

15. 冯伟，邵军，徐康宁. 我国农产品出口贸易联系持续期及其影响因素：基于生存模型的实证研究 [J]. 世界经济研究，2013 (06):59-65.

16. 冯伟，邵军. 我国机电产品出口贸易联系持续期的影响因素研究 [J]. 国际经贸探索，2013,29 (05):4-16.

17. 高疆，盛斌. 贸易协定质量会影响全球生产网络吗？[J]. 世界经济研究，2018 (08):3-16.

18. 耿献辉，张晓恒，周应恒. 中国农产品出口二元边际结构及其影响因素 [J]. 中国农村经济，2014 (05):36-50.

19. 郭慧慧，何树全. 中国农业贸易关系生存分析 [J]. 世界经济研究，2012 (02):51-56.

20. 韩剑，岳文，刘硕. 异质性企业、使用成本与自贸协定利用率 [J]. 经济研究，2018,53 (11):165-181.

21. 韩丽娜. 中国水产品出口竞争力及发展策略研究 [J]. 世界农业，2014 (07):78-81.

22. 韩昕儒，李国景，钱小平，陈永福. 中国畜产品供求变动分析及展望 [J]. 农业展望,2015,11(05):72-81.

23. 何成杰，王晓伟，谭桑，郭夔夔. 中国参与东亚生产网络具有稳定性吗 —— 基于中国机电产品出口持续时间的分析 [J]. 宏观经济研究，2013 (08):30-38.

24. 何敏，张宁宁，黄泽群. 中国与 "一带一路" 国家农产品贸易竞争性和互补性分析 [J]. 农业经济问题，2016,37 (11):51-60.

25. 何树全，张秀霞. 中国对美国农产品出口持续时间研究 [J]. 统计研究,2011,28(02):34-38.

26. 胡梅梅,陈茹.中国畜产品贸易逆差:成因与对策 [J]. 世界农业,2016(05):198-202.

27. 华晓红,汪霞,郑学党.中国在周边区域经济一体化安排中的 FTA 利用率研究 [J]. 亚太经济,2014(06):15-20.

28. 华晓红.拓展均衡——我国出口市场多元化战略评价与调整 [J]. 国际贸易, 2002 (09):4-12.

29. 黄水灵."一带一路"各国农业贸易自由化模式及其影响研究 [J]. 现代经济探讨,2019(01):46-54.

30. 黄先海,周俊子.中国出口广化中的地理广化、产品广化及其结构优化 [J]. 管理世界,2011(10):20-31.

31. 孔庆峰,杨亚男.多边贸易体制中农业谈判的政治经济学分析——基于双层互动进化博弈模型 [J]. 国际贸易问题,2011(06):21-34.

32. 李清政,王佳,舒杏.中国对东盟自贸区农产品出口贸易持续时间研究 [J]. 宏观经济研究,2016(05):139-151.

33. 李伟克,刘桂才.亚洲金融危机对我国农产品贸易的影响 [J]. 中国农村经济, 1998 (04):3-5.

34. 李星晨,刘宏曼.FTA 对农产品出口持续时间的影响:来自中国的证据 [J]. 华中农业大学学报 (社会科学版),2019(06):30-41.

35. 李星晨,刘宏曼.中国对"一带一路"国家农产品出口增长的二元边际分析 [J]. 华南农业大学学报 (社会科学版),2020,19(02):13-23.

36. 李永,付智博,李海英.中国能源进口贸易联系是否稳定——来自 1992—2012 年的经验证据 [J]. 财贸经济,2015(05):109-120.

37. 李永,金珂,孟祥月.中国出口贸易联系是否稳定?[J]. 数量经济技术经济研究,2013,30(12):21-34.

38. 林常青,许和连.出口经验对出口市场扩张的影响研究——基于出口持续时间视角 [J]. 中南财经政法大学学报,2017(02):138-146.

39. 林常青,张相文.中国—东盟自贸区对中国出口持续时间的影响效应研究 [J]. 当代财经,2014(07):99-109.

40. 林常青. 美国反倾销对中国对美出口持续时间的影响 [J]. 中南财经政法大学学报,2014(04):103-110.

41. 林常青. 中国对美国出口贸易持续时间及影响因素的研究 [J]. 国际贸易问题,2014a(01):61-70.

42. 刘成,杨雪,贺亚琴,冯中朝. 中国水产品出口增长二元边际影响因素分析 [J]. 亚太经济,2017(06):165-173.

43. 刘宏曼,李星晨. 中国能源进口贸易的持续期——基于生存分析法 [J]. 资源科学,2018,40(07):1438-1449.

44. 刘宏曼,王梦醒. 贸易便利化对农产品贸易成本的影响——基于中国与"一带一路"沿线国家的经验证据 [J]. 经济问题探索,2018(07):105-112.

45. 刘慧,綦建红. 文化距离对中国企业出口持续时间的影响——基于GLOBE 项目的调查数据 [J]. 上海财经大学学报,2019,21(02):65-79.

46. 刘洪铎,蔡晓珊. 中国与"一带一路"沿线国家的双边贸易成本研究 [J]. 经济学家,2016(07):92-100.

47. 刘靖,毛学峰,辛贤. 中国农产品出口地理结构的衡量与分析 [J]. 世界经济,2006(01):40-49.

48. 刘耘,陈绮君,李达. 中国蔬菜出口贸易及国际竞争力分析 [J]. 经济问题,2018(05):64-67.

49. 马翠萍. 农产品入世"过渡期"结束后中国粮食贸易的演变 [J]. 中国软科学,2017(09):18-29.

50. 倪青山,曾帆. 中国进口贸易关系持续时间及其影响因素的经验分析 [J]. 财经理论与实践,2013,34(02):88-92.

51. 聂辉华,江艇,杨汝岱. 中国工业企业数据库的使用现状和潜在问题 [J]. 世界经济,2012,35(05):142-158.

52. 牛宝俊,李大胜,赖作卿. 亚洲金融危机对农产品贸易的影响 [J]. 国际贸易问题,2000 (05):22-26.

53. 潘家栋. 人民币汇率变动对出口持续时间的影响:以中美农产品出口为例 [J]. 国际经贸探索,2018,34(09):97-112.

54. 彭世广,周应恒. 中国对外水果贸易增长原因分析——基于三元边

际的视角 [J]. 农林经济管理学报 ,2020,19(01):10-23.

55. 綦建红 , 冯晓洁 . 市场相似性、路径依赖与出口市场扩张——基于 2000-2011 年中国海关 HS-6 产品数据的检验 [J]. 南方经济 ,2014(11):25-42.

56. 钱学锋 , 熊平 . 中国出口增长的二元边际及其因素决定 [J]. 经济研究 ,2010,45(01):65-79.

57. 钱学锋 , 余弋 . 出口市场多元化与企业生产率 : 中国经验 [J]. 世界经济 , 2014,37 (02):3-27.

58. 邱斌 , 刘修岩 , 赵伟 . 出口学习抑或自选择 : 基于中国制造业微观企业的倍差匹配检验 [J]. 世界经济 ,2012,35(04):23-40.

59. 邵军 , 吴晓怡 , 刘修岩 . 我国文化产品出口贸易联系持续期及影响因素分析 [J]. 世界经济文汇 ,2014(04):36-47.

60. 邵军 . 中国出口贸易联系持续期及影响因素分析——出口贸易稳定发展的新视角 [J]. 管理世界 ,2011(06):24-33.

61. 沈立君 , 侯文涤 . 反倾销壁垒对企业出口持续时间的影响——基于中国企业对美国出口数据的分析 [J]. 国际经贸探索 ,2017,33(05):95-112.

62. 沈铭辉 , 王玉主 . 企业利用 FTA 的影响因素研究 [J]. 国际商务 (对外经济贸易大学学报),2011(01):102-118.

63. 盛斌 , 果婷 . 亚太地区自由贸易协定条款的比较及其对中国的启示 [J]. 亚太经济 ,2014(02):94-101.

64. 盛斌 , 钱学锋 , 黄玖立 , 东艳 . 入世十年转型 : 中国对外贸易发展的回顾与前瞻 [J]. 国际经济评论 , 2011 (05):84-101.

65. 盛斌 , 魏方 . 新中国对外贸易发展 70 年 : 回顾与展望 [J]. 财贸经济 , 2019,40 (10):34-49.

66. 盛浩 . 改革开放以来我国外贸战略的演变及展望 [J]. 中国流通经济 ,2018,32(11):58-67.

67. 施炳展 . 中国出口增长的三元边际 [J]. 经济学 (季刊),2010b,9(04):1311-1330.

68. 施炳展 . 中国出口中零贸易分布特点及其影响因素 : 基于新 - 新贸易理论的实证 [J]. 世界经济文汇 ,2010a(01):64-75.

69. 舒杏,霍伟东,王佳.中国对新兴经济体国家出口持续时间及影响因素研究 [J]. 经济学家 ,2015(02):16-26.

70. 宋玉智.我国农产品出口企业现状分析 [J]. 农业经济 ,2016(01):132-134.

71. 孙致陆,李先德.中国与欧盟农产品贸易的比较优势和增长前景研究 [J]. 农业现代化研究 ,2015,36(04):521-527.

72. 谭晶荣,童晓乐.中国与金砖国家贸易关系持续时间研究 [J]. 国际贸易问题 ,2014(04):90-100.

73. 唐宜红.当前全球贸易保护主义的特点及发展趋势 [J]. 人民论坛·学术前沿 ,2017(17):82-89.

74. 特木钦.政治经济学视域下的农产品贸易保护制度比较研究 [J]. 农业经济问题 ,2017,38(11):108-109.

75. 田维明,高颖,张宁宁.入世以来我国农业和农产品贸易发展情况及存在的突出问题分析 [J]. 农业经济问题， 2013,34 (11):13-18.

76. 佟继英.中国水产品出口贸易增长特征及动态波动研究——基于修正的 CMS 模型的因素分解 [J]. 世界农业 ,2017(02):122-129.

77. 佟家栋,刘竹青,黄平川.不同发展阶段出口学习效应比较——来自中国制造业企业的例证 [J]. 经济评论 ,2014(03):75-86.

78. 童伟伟.FTA 深度对中国中间品进口影响的实证分析 [J]. 亚太经济 ,2018(03):53-60.

79. 涂远芬.中国企业的自我选择效应与出口学习效应研究——基于制造业与服务业企业层面的比较分析 [J]. 当代财经 ,2014(08):89-101.

80. 王晰.入世以来中国对日本农产品出口可持续性研究 [J]. 中央财经大学学报 ,2015(12):116-122.

81. 王晓莉,王浩,吴林海.贸易利益、政治关系与中国农产品进口——环境内涵视角下中美贸易争端印度的替代可能性 [J]. 世界经济与政治论坛 ,2020(01):150-172.

82. 王秀玲,邹宗森,冯等田.实际汇率波动对中国出口持续时间的影响研究 [J]. 国际贸易问题 ,2018(06):164-174.

83. 魏自儒, 李子奈. 进入顺序对企业出口持续时间的影响 [J]. 财经研究,2013,39(08):51-63.

84. 吴晓怡, 邵军. 金融发展、外部融资约束与出口平稳发展——基于贸易联系持续期视角的实证研究 [J]. 国际贸易问题,2014(07):144-154.

85. 许昌平. 出口经验对出口学习效应的影响研究——基于企业所有制异质性的视角 [J]. 财经论丛,2014(09):3-8.

86. 许家云, 毛其淋. 中国企业的市场存活分析: 中间品进口重要吗?[J]. 金融研究,2016(10):127-142.

87. 许统生, 李志萌, 涂远芬, 余昌龙. 中国农产品贸易成本测度 [J]. 中国农村经济,2012(03):14-24.

88. 许为, 陆文聪. 中国农产品比较优势的动态变化:1995—2013 年 [J]. 国际贸易问题,2016(09):3-15.

89. 杨逢珉, 翟慧娟, 毛一卿. 我国农产品出口欧盟市场的二元边际分解 [J]. 经济问题,2015(10):78-84.

90. 杨军, 董婉璐, 崔琦. 中非农产品贸易在 1992—2017 年变化特征分析及政策建议 [J]. 农林经济管理学报,2019,18(03):395-406.

91. 杨军, 杨文倩, 李明, 王晓兵. 中非农产品贸易结构变化趋势、比较优势及互补性分析 [J]. 中国农村经济,2012(03):44-52.

92. 杨连星. 文化贸易出口持续期如何影响了出口品质 [J]. 国际贸易问题,2016(12):39-51.

93. 杨长湧. 我国出口市场多元化战略的现状、影响及对策 [J]. 宏观经济研究, 2010 (06):12-18.

94. 姚新超, 左宗文. 新型自由贸易协定的发展趋势及中国的因应策略 [J]. 国际贸易,2014(01):45-52.

95. 余华, 漆雁斌, 严玉宝, 崔鹏博. 中国对美国农产品贸易关系的持续时间分析 [J]. 经济问题探索,2015(02):102-108.

96. 余振, 王净宇. 中国对外贸易发展 70 年的回顾与展望 [J]. 南开学报 (哲学社会科学版),2019(04):36-47.

97. 詹淼华. "一带一路"沿线国家农产品贸易的竞争性与互补性——基

于社会网络分析方法 [J]. 农业经济问题 ,2018(02):103-114.

98. 张凤 , 季志鹏 , 张倩慧 . 出口持续期延长有利于出口国内技术复杂度提升吗——基于中国微观出口数据的验证 [J]. 国际贸易问题 ,2018(10):58-71.

99. 张凤 , 张倩慧 , 冯等田 , 季志鹏 . 毗邻效应、出口经验溢出与企业出口行为 [J]. 世界经济研究 ,2019(12):89-107.

100. 张微微 . 中韩农业贸易中的政治性贸易保护问题研究 [J]. 东北亚论坛 ,2012,21(01):28-35.

101. 张亚斌 , 黎谧 , 李静文 . 制造业出口贸易生存分析与跨国比较研究 [J]. 国际贸易问题 ,2014(11):3-13.

102. 张龑 , 孙浦阳 . 双边营商环境、契约依赖和贸易持续期——基于中国企业微观数据的实证研究 [J]. 财经研究 ,2016,42(04):49-60.

103. 周定根 , 杨晶晶 , 赖明勇 . 贸易政策不确定性、关税约束承诺与出口稳定性 [J]. 世界经济 ,2019,42(01):51-75.

104. 周世民 , 孙瑾 , 陈勇兵 . 中国企业出口生存率估计 :2000—2005[J]. 财贸经济 ,2013(02):80-90.

105. 朱晶 , 徐志远 , 李天祥 . "一带"背景下中国对中亚五国农产品出口增长的波动分析 [J]. 南京农业大学学报 (社会科学版),2017,17(05):111-120.

106. álvarez R, Faruq H, López R A. Is previous exporting experience relevant for new exports?[M]. Working Paper, Central Bank of Chile, 2010.

107. Amiti M, Freund C. An Anatomy of China's Trade Growth[R]. World Bank Policy Research Working Paper Seres Na 4628, 2008

108. Amurgo-Pacheco A, Pierola M D. Patterns of export diversification in developing countries: intensive and extensive margins[R]. The World Bank, 2008.

109. Arawomo D F. Survival of Nigeria's Exports in Her Biggest Markets: Continuous and Discrete Time Estimations[J]. Economics Bulletin, 2015, 35(3): 1700-1708.

110. Arrow K J. The Economic Implications of Learning by Doing[J]. The

Review of Economic Studies, 1962, 29(3): 155-173.

111. Baldwin R, Harrigan J. Zeros, quality, and space: Trade theory and trade evidence[J]. American Economic Journal: Microeconomics, 2011, 3(2): 60-88.

112. Bernard A B, Jensen J B, Redding S J, et al. The margins of US trade[J]. American Economic Review, 2009, 99(2): 487-93.

113. Besedes T, Blyde J. What drives export survival? An analysis of export duration in Latin America[R]. Inter-American Development Bank Working Paper, 2010: 1-43.

114. Besedeš T, Moreno-Cruz J, Nitsch V. Trade Integration and the Fragility of Trade Relationship: Theory and Empirics[R]. Georgia Tech Working Paper, 2015.

115. Besedeš T, Prusa T J. Ins, outs, and the duration of trade[J]. Canadian Journal of Economics/Revue canadienne d' économique, 2006a, 39(1): 266-295.

116. Besedeš T, Prusa T J. Product differentiation and duration of US import trade[J]. Journal of international Economics, 2006b, 70(2): 339-358.

117. Besedeš T, Prusa T J. The role of extensive and intensive margins and export growth[J]. Journal of development economics, 2011, 96(2): 371-379.

118. Besedeš T. A search cost perspective on formation and duration of trade[J]. Review of International Economics, 2008, 16(5): 835-849.

119. Besedeš T. The role of NAFTA and returns to scale in export duration[J]. CESifo Economic Studies, 2013, 59(2): 306-336.

120. Brenton P, Saborowski C, Von Uexkull E. What explains the low survival rate of developing country export flows?[J]. The World Bank Economic Review, 2010, 24(3): 474-499.

121. Broda C, Weinstein D E. Globalization and the Gains from Variety[J]. The Quarterly journal of economics, 2006, 121(2): 541-585.

122. Castagnino T. Export costs and geographic diversification: Does experience matter?[R]. Working Paper, Central Bank of Argentina(BCRA), No. 2011/52, 2010.

123. Castillo J, Silvente F R. Export dynamics and information spillovers: evidence from Spanish firms[R]. Department of Applied Economics II, Universidad de Valencia,Working Papers 1103, 2011.

124. Chen W C. Innovation and duration of exports[J]. Economics Letters, 2012, 115(2): 305-308.

125. Defever F, Heid B, Larch M. Spatial exporters[J]. Journal of International Economics, 2015, 95(1): 145-156.

126. Esteve-Pérez S, Mánez-Castillejo J A, Rochina-Barrachina M E, et al. A survival analysis of manufacturing firms in export markets[J]. Entrepreneurship, industrial location and economic growth, 2007: 313-332.

127. Esteve‐Pérez S, Requena‐Silvente F, PALLARDó‐LOPEZ V J. The duration of firm‐destination export relationships: Evidence from Spain, 1997–2006[J]. Economic Inquiry, 2013, 51(1): 159-180.

128. Evenett S J, Venables A J. Export growth in developing countries: Market entry and bilateral trade flows[R]. London School of Economics working paper, 2002.

129. Fabling R, Grimes A, Sanderson L. Whatever next? Export market choices of New Zealand firms[J]. Papers in Regional Science, 2012, 91(1): 137-159.

130. Falentina A T, Ichihashi M. Indonesian Trade: Understanding the Duration and the Determinants of Its Hazard Rate[R]. IDEC Discussion paper, 10: 1-32, 2013.

131. Feenstra R C, Lewis T R. Trade adjustment assistance and Pareto gains from trade[J]. Journal of International Economics, 1994, 36(3-4): 201-222.

132. Fugazza M, Molina A C. On the determinants of exports survival[J]. Canadian Journal of Development Studies/Revue canadienne d'études du développement, 2016, 37(2): 159-177.

133. Gaulier G, Zignago S. Baci: international trade database at the product-level. the 1994-2007 version [R]. CEPII Working Paper. 2010.

134. Gullstrand J, Persson M. How to combine high sunk costs of exporting and low export survival[J]. Review of World Economics, 2015, 151(1): 23-51.

135. Hausmann R, Klinger B. The structure of the product space and the evolution of comparative advantage[R]. CID Working Paper Series, 2007.

136. Haveman J, Hummels D. Alternative hypotheses and the volume of trade: the gravity equation and the extent of specialization[J]. Canadian Journal of Economics/Revue canadienne d'économique, 2004, 37(1): 199-218.

137. Helpman E, Melitz M, Rubinstein Y. Estimating trade flows: Trading partners and trading volumes[J]. The quarterly journal of economics, 2008, 123(2): 441-487.

138. Hess W, Persson M. Exploring the duration of EU imports[J]. Review of World Economics, 2011, 147(4): 665.

139. Hess W, Persson M. The duration of trade revisited[J]. Empirical Economics, 2012, 43(3): 1083-1107.

140. Hidalgo C A, Klinger B, Barabási A L, et al. The product space conditions the development of nations[J]. Science, 2007, 317(5837): 482-487.

141. Horn H, Mavroidis P C, Sapir A. Beyond the WTO? An anatomy of EU and US preferential trade agreements[J]. The World Economy, 2010, 33(11): 1565-1588.

142. Hummels D, Klenow P J. The variety and quality of a nation's exports[J]. American Economic Review, 2005, 95(3): 704-723.

143. Ilmakunnas P, Nurmi S. Dynamics of export market entry and exit[J]. Scandinavian Journal of Economics, 2010, 112(1): 101-126.

144. Jenkins S P. Easy estimation methods for discrete-time duration models[J]. Oxford bulletin of economics and statistics, 1995, 57(1): 129-138.

145. Kamuganga D N. Does intra-Africa regional trade cooperation enhance Africa's export survival?[R]. Graduate Institute of International and Development Studies Working Paper, 2012.

146. Kang K. The choice of export destinations and its determinants:

evidence from Korean exports[J]. Korean Economic Review, 2013, 29(1): 139-60.

147. Krugman P. The move toward free trade zones[J]. Economic Review, 1991, 76(6): 5.

148. Lawless M, Whelan K. Where do firms export, how much and why?[J]. The World Economy, 2014, 37(8): 1027-1050.

149. Lawless M. Marginal distance: Does export experience reduce firm trade costs?[J]. Open Economies Review, 2013, 24(5): 819-841.

150. Lejour A. The duration of Dutch export relations: Decomposing firm, country and product characteristics[J]. De Economist, 2015, 163(2): 155-176.

151. Martincus C V, Carballo J. Is export promotion effective in developing countries? Firm-level evidence on the intensive and the extensive margins of exports[J]. Journal of International Economics, 2008, 76(1): 89-106.

152. Medin H. Firms'export decisions—fixed trade costs and the size of the export market[J]. Journal of International Economics, 2003, 61(1): 225-241.

153. Melitz M J. The impact of trade on intra‐industry reallocations and aggregate industry productivity[J]. econometrica, 2003, 71(6): 1695-1725.

154. Nguyen D X. Demand uncertainty: Exporting delays and exporting failures[J]. Journal of International Economics, 2012, 86(2): 336-344.

155. Nitsch V. Die another day: Duration in German import trade[J]. Review of World Economics, 2009, 145(1): 133-154.

156. Obashi A. Stability of production networks in East Asia: Duration and survival of trade[J]. Japan and the World Economy, 2010, 22(1): 21-30.

157. Rakhman A. Three Essays on Export Relationship Duration[D]. The George Washington University, 2011.

158. Rauch J E, Watson J. Starting small in an unfamiliar environment[J]. International Journal of industrial organization, 2003, 21(7): 1021-1042.

159. Regmi A, Gehlhar M J, Wainio J, et al. Market Access for High-Value Foods[R]. Electronic Report from the Economic Research Service, USDA/ERS

Report No.840, 2005.

160. Schmeiser K N. Learning to export: Export growth and the destination decision of firms[J]. Journal of International Economics, 2012, 87(1): 89-97.

161. Segura-Cayuela R, Vilarrubia J M. Uncertainty and entry into export markets[R]. Bank of Spain Working Paper, 2008.

162. Wang L, Zhao Y. Does Experience Facilitate Entry into New Export Destinations?[J]. China & World Economy, 2013, 21(5): 36-59.

163. Xu K. Why Are Agricultural Goods Not Traded More Intensively: High Trade Costs or Low Productivity Variation?[J]. The World Economy, 2015, 38(11): 1722-1743.

164. Yang Y, Mallick S. Export premium, self‐selection and learning‐by‐exporting: Evidence from Chinese matched firms[J]. The World Economy, 2010, 33(10): 1218-1240.

165. Zhang X, Zhou Y, Geng X, et al. The intensive and extensive margins of China's agricultural trade[J]. Canadian Journal of Agricultural Economics/Revue canadienne d'agroeconomie, 2017, 65(3): 431-451.